Die Credit-Noth der Grundbesitzer und deren Abhülfe durch eine Norddeutsche Bundes-Hypotheken-Bank.

Von

C. Wilmanns,
Assessor an dem Königl. Stadtgerichte zu Berlin

Berlin.

Verlag von J. Guttentag.

1868.

Uebersicht.

I.

Die Ursachen des unzureichenden Credites der Grundbesitzer.

---

§ 1.

Allgemeine Gesichtspunkte.

Die Hypotheken-Ordnung vom Jahre 1783 hat ihren in dem Publications-Patente ausgesprochenen Zweck: „Die Feststellung des Eigenthums und des Credites der Besitzer unbeweglicher Grundstücke" seiner Zeit im vollsten Maße erfüllt. Die Capitalien flossen dem Grundbesitze reichlich zu und noch vor 30 bis 40 Jahren war der übliche Zinsfuß für pupillarisch sichere Hypotheken $2^1/_2$ — $3^1/_2$ pCt. Seitdem beginnen die Klagen über den Mangel an Capital und die Höhe der geforderten Zinsen. Die Verlegenheiten sind von Jahr zu Jahr größer geworden und haben gegenwärtig den Charakter eines förmlichen Nothstandes angenommen.

Die veränderte Lage kann einen doppelten Grund haben:

1. Das Capital entzieht sich dem Hypotheken-Verkehr mehr und mehr, d. h. der Real-Credit ist im Verfall begriffen.
2. Die Capitalien, welche bisher den Grundbesitzern zur Disposition standen, reichen nicht mehr aus, ihren Anforderungen zu genügen, d. h. das Credit-Bedürfniß ist größer geworden.

In Wirklichkeit haben beide Ursachen zur Herbeiführung des jetzigen Zustandes zusammengewirkt.

A. Verfall des Real=Credites.

a. Concurrenz der Börsenpapiere.

§ 2.

Die Fortschritte in der Finanzwirthschaft des Staates, die rasche Entwickelung des Handels und der Industrie, die Gründung der zahlreichen Actien-Gesellschaften, die erhöhte Bedeutung des Börsen-Verkehrs haben Capitals-Anlagen ermöglicht, deren Concurrenz die Hypotheken in ihrer jetzigen Gestalt auf die Dauer nicht zu ertragen vermögen. Der Capitalist faßt nämlich bei Anlegung seines Vermögens ein Doppeltes in's Auge:

1. die Sicherheit — er will nicht Gefahr-laufen sein Capital zu verlieren;
2. den Nutzen — er will verdienen.

Beiden Interessen dient wesentlich ein Dritter Gesichtspunkt:

„Die Möglichkeit, sein Capital jeden Augenblick wieder zu erlangen,"

um durch einen Wechsel in der Capitals-Anlage eine drohende Gefahr zu vermeiden oder einen in Aussicht stehenden Nutzen zu erlangen. Derjenige Schuldner, welcher in diesen Beziehungen die besten Bedingungen zu stellen vermag, wird stets vor anderen den Vorzug erhalten.

Vergleicht man nun die Anlegung in Hypotheken mit anderen Capitals-Anlagen, so ergiebt sich, daß sie in jeder Beziehung weniger vortheilhaft ist.

Am klarsten tritt dies hervor in Beziehung auf den dritten Punkt „die Realisirbarkeit." Während lettres au porteur jeden Augenblick verkäuflich sind, und die fälligen Zinsen in der Regel bei jedem Banquier erhoben werden können, ist der Hypotheken-Gläubiger von dem Willen des Einzelnen abhängig. Gegenüber einem zahlungsunfähigen oder böswilligen Schuldner ist er gezwungen, seine Forderung einzuklagen und im Wege der Execution einzutreiben. Der Subhastation folgen nicht selten eine Re- und Re-Re-Subhastation. Der Gläubiger gelangt erst nach Jahren zu seinem Capital. Ihm sind bis dahin nicht nur die Zinsen seiner Zinsen verloren gegangen, er hat auch die günstigsten Conjuncturen unbenutzt lassen müssen; er hat außer den Weitläufigkeiten mit den Gerichten, außer den Unannehmlichkeiten mit seinem Zahlungsfrist suchenden Schuldner sehr erhebliche Auslagen (durch die Gebührenforderungen der Rechts-Beistände, durch die bei Subhastationen und Administrationen zu leistenden Kostenvorschüsse ꝛc.) und als das Resultat alles dessen vielleicht nichts weiter als eine ausgefallene Forderung.

Auch die Sicherheit ist geringer als bei Pfandbriefen, Renten-Briefen, Staatspapieren und Prioritäten. Bei „allgemeinen Calamitäten" verlieren letztere allerdings einen Theil des Werthes. Dasselbe gilt aber auch von den Hypotheken. Dagegen trifft den Hypothecarius allein die Gefahr „specieller Unglücksfälle" (Häuser-Einsturz, Ueberschwemmung, Mißernte*) und — was weit wichtiger ist — die Gefahr,

> „das Object der Sicherheit kaufen zu müssen, um nicht dasjenige Capital, welches sicher gestellt werden sollte, zu verlieren."

Derartige unfreiwillige Capitals-Anlagen sind aber bekanntlich die lästigsten.

Bei den nicht ganz sicheren Hypotheken ist endlich auch der Nutzen zu gering. Der gesetzliche Zinsfuß steht nicht mehr in einem richtigen Verhältnisse zu den Erträgen aus anderen, vom Publicum den zweiten und dritten Hypotheken an Sicherheit wenigstens gleichgeachteten Capitals-Anlagen. Man hat deshalb zu den sogenannten Damno-Verkäufen seine Zuflucht genommen. Wenngleich über deren Verwerflichkeit wohl nur Eine Stimme herrscht, so läßt sich doch ohne Uebertreibung behaupten, daß beispielsweise in Berlin selbst erste Hypotheken selten ohne ein Damnum von 3 — 5 pCt. zu begeben sind. Bei zweiten noch vollständig sicheren Hypotheken verliert der Grundbesitzer in der Regel 8 — 10 pCt. und Hypotheken, welche gar hinter $^2/_3$ der Feuertaxe stehen, sind kaum noch anders als bei den sogenannten Halsabschneidern unterzubringen.**)

---

*) Nach jetziger Gesetzgebung sogar in der Regel auch die Feuersgefahr, cfr. Plen. Beschl. des Königl. Ober-Trib. vom 5. Decbr. 1853 (Entsch. Bd. 27. S. 1.).

**) Mein Aufsatz: „Ueber den Verfall des Real-Credites und die Mittel zur Abhülfe" in der Deutschen Gerichtszeitung von 1867 S. 103. ff.

1*

b. Die veränderte staatliche Stellung des Grundbesitzes.

§ 3.

Einfluß der veränderten socialen Stellung.

Im engsten Zusammenhange mit den Fortschritten der Capitals-Wirthschaft steht die veränderte staatliche Stellung des Grundbesitzes. Auch sie ist von erheblichem Einflusse auf den Real-Credit gewesen.

In der socialen Geschichte unseres Volkes treten drei Hauptperioden hervor:

I. Periode. Herrschaft des Grundbesitzes, Abhängigkeit der Arbeit, Unmöglichkeit des Capitals.

Nur die Grundbesitzer waren frei, die Arbeiter und Gewerbetreibenden unfrei und hörig.

II. Periode. Beschränkung der Herrschaft des Grundbesitzes auf das flache Land, Freiheit der städtischen Arbeit, Entstehung des Capitals.

Die Arbeit machte sich von dem Grund und Boden frei. Die persönlichen Dienste wurden abgelöst. Die freien Arbeiter vereinigten sich zu Städten. Aus der persönlichen erwuchs die politische Freiheit „das Bürgerrecht" (Städtischer Boden duldet keine Knechtschaft). Der Grundbesitz gab nicht mehr allein politische Rechte; es entstand ein freier Mittelstand. Dem städtischen Arbeiter verblieben die Früchte seiner Thätigkeit; es sammelte sich Capital.

III. Periode. Aufhebung der Herrschaft des Grundbesitzes, Freiheit der ländlichen, Abhängigkeit der städtischen Arbeit, Uebergewicht des Capitals.

Der Besitz von Capital gab in dem Mittelstande vorwiegenden Einfluß. So bildete sich neben der Grund-Aristocratie auf dem Lande eine Geld-Oligarchie in den Städten. — Mit Hülfe ihres Einflusses hat einerseits der ländliche Arbeiter die persönliche Unabhängigkeit, politische Freiheit und selbstständiges Eigenthum erlangt, während andererseits durch die Fortschritte der Industrie die städtische

Arbeit in ein Abhängigkeits-Verhältniß zu ihr getreten ist. Mit dem Aufhören der Herrschaft des Grundbesitzes hat die Herrschaft des Capitals begonnen. —

Je rascher diese Entwickelung, namentlich in dem gegenwärtigen Jahrhundert, sich vollzogen hat, und je mehr das Uebergewicht des Capitals hervortritt, desto lebhafter ist das Trachten nach Capital geworden. Jeder will an den Vortheilen der Herrschaft Theil nehmen und dem Drucke der Herrschenden sich entziehen. Die Sucht, reich zu werden, ist deshalb größer, als je. Auf Sicherheit wird weit weniger Gewicht gelegt, als auf hohen Gewinn. Das Capital hat sich von dem Grundbesitze ab- und der Industrie zugewendet.

§ 4.

Einfluß der veränderten politischen Stellung.

Die sociale und politische Entwickelung stehen in nothwendiger Wechselbeziehung. Die umfassenden politischen Rechte, welche früher der Grundbesitz gab, sind mehr und mehr weggefallen, zum Theil auch wohl in veränderter Form auf das Capital übergegangen. Der Grundbesitz ist nicht mehr, wie früher, wesentliche Vorbedingung für Ansehen und Macht; er repräsentirt nur noch, wie jede andere Waare, einen Vermögenswerth. Deshalb ist an die Stelle der früheren Stätigkeit des Grundbesitzes der Güterhandel und die Speculation in Grundstücken getreten, welche namentlich in neuerer Zeit die bedauerlichsten Folgen für den Grundbesitz herbeigeführt haben:

Die rasche Entwickelung der Industrie und die Erweiterung der Communicationsmittel führten zu höheren Erträgen des Grundbesitzes. Die Getreide- und Miethspreise stiegen. Die Grundbesitzer erzielten deshalb erhebliche Ueberschüsse. Dies wurde für sie selbst und für andere die Veranlassung, möglichst viel Grundbesitz zu erwerben und möglichst viele Neubauten auszuführen. Da die Nachfrage das Angebot dauernd und mit jedem Jahre mehr überstieg, so erreichten die Kaufpreise eine unverhältnißmäßige Höhe. Die Grundsbesitzer erzielten eine gute Rente und scheuten deshalb selbst hohe Zinsen nicht; sie belasteten die Grundstücke bis auf's Aeußerste, um neue Mittel zum Ankaufe anderweitigen Grundbesitzes und neue Fonds zur Ausführung von Bauten zu erlangen. Andererseits wurden die Grundstücke vielfach nur als Speculationswaare betrachtet, und deshalb jede mit Kosten verbundene Melioration versäumt, dagegen keine Deterioration gescheut, wenn sie nur für den Augenblick Vortheil brachte. — Auf die Action folgte jedoch die Reaction: Die Conjuncturen wurden schlechter. Die durch die günstigen Preisverhältnisse angeregte Concurrenz drückte die Getreidepreise herunter. Die Neubauten in den großen Städten überstiegen das Bedürfniß, so daß sich Miethsausfälle ergaben. Da die hohen Zinsen nicht mehr bestritten werden konnten, erfolgten Administrationen und Subhastationen. Dadurch wurde das Mißtrauen wach gerufen. Auf der anderen Seite traten die Deterioration der zur Speculationswaare gewordenen Landgüter und die Baufälligkeit der aus schlechtem Material errichteten Gebäude immer mehr hervor. Die Folge davon war ein progressives Wachsen des Mißcredites. Derselbe ist zu einem förmlichen Nothstande geworden, nachdem auch in anderen Gewerbszweigen Stockungen eingetreten sind, in Folge deren die Nachfrage nach Capital sich erhöht, das Angebot aber wegen mangelnden Vertrauens sich verringert hat.

Im engsten Zusammenhange mit dem Güterhandel steht die immer mehr überhand nehmende Zersplitterung des ländlichen Grundbesitzes. Dieselbe hat ganz gleiche Wirkungen, wie auf dem Gebiete der Industrie die Arbeitstheilung. Diese ermöglicht zwar eine umfassendere und lohnendere Production, aber sie führt dadurch, daß sie die Fabrication dem Handwerksbetriebe substituirt, zur Verarmung des Handwerker- d. h. des bürgerlichen Mittelstandes. Ebenso ermöglicht die Theilung des Grundbesitzes im Allgemeinen eine höhere Verwerthung des Grund und Bodens; sie führt aber andererseits zur Verarmung des ländlichen Mittel- d. h. des Bauernstandes. Die größeren bäuerlichen Güter verschwinden und an ihre Stelle treten zahlreiche Kossäthen- und Häusler-Stellen, deren Ertrag in der Regel nicht einmal hinreicht, das kümmerliche Leben ihrer Besitzer zu fristen.

§ 5.

Einfluß der Gesetzgebung.

Das Gesetz ist der Ausdruck der staatlichen Entwickelung eines Volkes. Dem entsprechend tritt namentlich in unserer neueren Gesetzgebung neben einer immer umfassenderen Berücksichtigung der Interessen des Handels und der Industrie eine zunehmende Verkennung und Hinten-Ansetzung der Interessen des Grundbesitzes hervor. In Beziehung auf den Real-Credit zeigt sich dies namentlich nach drei Richtungen:

1. Das Hypothekenbuch gewährt nicht mehr die Gewißheit über das Eigenthum und über den Umfang des bestellten Pfandes. Das Allgem. Landrecht legte behufs Feststellung des Eigenthumes jedem Erwerber eines Grundstückes die Verpflichtung auf, seinen Besitztitel berichtigen zu lassen. Die Kab.-Ord. vom 31. Octbr. 1831 hat diese Verpflichtung aufgehoben.*) Nach dem Allgem. Landrechte mußten alle den Werth des Grundstückes schmälernden Real-Verpflichtungen eingetragen werden; nach dem § 58. d. Anhanges z. Allgem. Landrechte ist dies nicht mehr nothwendig. Der in dem Allgem. Landrechte gemachte und für den Umfang des Hypotheken-Rechtes erhebliche Unterschied zwischen Substanztheilen und Pertinenzien ist durch das Edict vom 9. Octbr. 1807 unausführbar geworden, rechtlich aber aufrecht erhalten worden rc.**) Die Folge hiervon ist, daß häufig der Gläubiger nicht weiß, wer sein Schuldner, und was ihm verpfändet ist.

2. Ferner hat die Gesetzgebung den Real-Credit direct belastet. In dieser Beziehung wird namentlich an die auf dem Hypotheken-Verkehre ruhenden, unverhältnißmäßig hohen Stempel und Kosten, sowie an das privilegium odiosum erinnert, welches den Steuerbehörden behufs Veranlagung zur Einkommensteuer die Einsicht der Hypothekenbücher gestattet. Es kann nicht ausbleiben, daß Furcht vor erhöhter Einschätzung die Capitalien dem Hypotheken-Verkehre immer mehr entfremdet, und den einer Controlle der Steuerbehörden nicht unterworfenen Börsenpapieren zuführt.

---

*) Man rechtfertigt die Aufhebung gewöhnlich mit dem Satze, daß im Civil-Rechte jeder „Zwang" vermieden werden müsse. Hierbei wird jedoch übersehen, daß die sogenannte Zwangs-Besitztitel-Berichtigung nichts weiter als eine „sollenne Form" ist, und im Civil-Rechte zahlreiche Analogien findet, z. B. in dem Zwange zur Eintragung in die Civilstands- und Handelsregister. Es erscheint sogar inconsequent, die Verpfändung von der Beobachtung einer sollennen Form (der Eintragung in das Hypothekenbuch) abhängig zu machen, und bei der Veräußerung — einer viel umfassenderen Disposition — von dieser Form Abstand zu nehmen.

**) z. vergl. Amtl. Entw. eines Gesetzes über das Hypothekenwesen und einer Hypotheken-Ordnung für Preußen. (Berlin 1864.) S. 19. ff.

3. Endlich konnte auch die Art und Weise, in welcher die Emancipation des bäuerlichen Grundbesitzes zur Ausführung gebracht worden ist, nicht spurlos vorüber gehen. Die Verleihung des Eigenthums an die bäuerlichen Besitzer, die Verwandlung der Erbpacht- und Erbzinsstellen in Eigenthum, die Aufhebung der Unterthänigkeit, der Patrimonial-Gerichtsbarkeit, der Jagd- und der zahlreichen anderen Berechtigungen, welche seit unvordenklicher Zeit als Zubehör der adligen Güter betrachtet waren, erfolgten ohne Entschädigung. Selbst diejenigen Rechte, für welche man eine Entschädigung zubilligte, wurden anstatt mit dem bisher angenommenen 25fachen, mit dem 18- und 20fachen Betrage abgelöst.

Die Verluste, welche einzelnen Gütern und den darauf eingetragenen Gläubigern hierdurch erwuchsen, sind nach Tausenden zu schätzen. Sie mußten auf den Real-Credit um so nachtheiliger wirken, als die Emancipation nur allmählig in's Werk gesetzt werden konnte, und deshalb jeder neue Ausfall die Erinnerung an die bereits erlittenen Verluste wieder wach rief.

B. Bedürfniß eines umfassenderen Credites.

§ 6.

Den Erzeugnissen des Grund und Bodens ist durch die Verkehrs-Erleichterungen die Concurrenz anderer Länder entstanden, in welchen bei gleicher und größerer Fruchtbarkeit die Gewinnungskosten geringer sind. Die Preise der landwirthschaftlichen Producte sind deshalb in den letzten Jahrzehnten gesunken.*) Andererseits sind die Arbeitslöhne theils in Folge der Aufhebung aller Abhängigkeits-Verhältnisse, theils in Folge des Aufschwunges der Industrie erheblich gestiegen.

Die Grundbesitzer müssen hiernach darauf bedacht sein, durch Meliorationen (Ent- und Bewässerungen, künstliche Düngung, Veredelung der Viehzucht ꝛc.) den Ertrag zu erhöhen, und andererseits durch Anwendung von Maschinen ꝛc. die Ausgaben an Arbeitslöhnen zu vermindern. Dazu bedürfen sie aber eines erheblichen Anlage- resp. Betriebs-Capitals, also eines umfassenden Credites.

Ein gleiches Bedürfniß stellt sich in den Städten heraus. Denn

*) cfr. Loebe, der Nothstand der Landwirthe. (Stutlgart. 1867.) S. 33. ff.

in Folge des zunehmenden Luxus müssen die Häuser eleganter und bequemer eingerichtet werden. Die Bau- und Unterhaltungskosten sind deshalb größer.

II.

Die Mittel zur Abhülfe.

A. Hebung des Real-Credites.

a. Hülfe gegen die Concurrenz der Börsenpapiere.

§ 7.

Dem Grundbesitzer kann gegen die Concurrenz der Börsenpapiere nur geholfen werden, wenn es gelingt, den Hypotheken Werthpapiere zu substituiren, welche den Actien der Eisenbahn-Gesellschaften, Banken 2c. in Beziehung auf die Realisirbarkeit, Sicherheit und Nutzbarkeit gleichstehen. Jede nur nach einer Seite gewährte Hülfe ist unzulänglich, da die nach den beiden anderen Richtungen hin fortbestehenden Nachtheile die Hypotheken nach wie vor als weniger vortheilhaft erscheinen lassen würden. Wenn beispielsweise die Zinsbeschränkungen aufgehoben werden, die Schwerfälligkeit und die geringere Sicherheit aber fortdauern, so muß der Grundbesitzer die aus der Unbequemlichkeit und der Gefahr des Besitzes von Hypotheken den Capitalisten entstehenden Nachtheile durch einen höheren Zinsfuß ausgleichen. Die Verluste, welche er jetzt bei Damno-Verkäufen an Capital hat, wird er dann an Zinsen haben. Kann er diese nicht erschwingen, so werden sie capitalisirt, und seine Lage ist um nichts gebessert. An die Stelle des „plötzlichen Vermögens-Verfalles" tritt die vom volkswirthschaftlichen Standpunkte nicht minder gefährliche „allmählige Verarmung" der Grundbesitzer.

Aus der Nothwendigkeit nach allen drei Richtungen gleichzeitig zu helfen, folgt aber, daß durch eine Reform der Gesetzgebung allein Abhülfe nicht gewährt werden kann. Auch die besten

Gesetze können nur Einfachheit der Formen für die Uebertragung resp. Einziehung der Forderungen und rechtliche Sicherheit gewähren. Dagegen vermag kein Gesetz den Hypotheken die leichte Beweglichkeit der Börsenpapiere zu verleihen. Würde auch die Ausstellung auf den Inhaber zugelassen, so würde doch jeder, welcher die Forderung erwerben will, erst den Werth des verpfändeten Grundstückes prüfen, jeder, welcher die Forderung einziehen will, dem Schuldner kündigen, und ihn event. durch Klage und Execution zur Zahlung anhalten müssen — Weitläufigkeiten, welche bei Börsenpapieren vermieden werden. Noch weniger kann die Gesetzgebung eine vollständige Hülfe hinsichtlich der Sicherheit gewähren. Die geringe Sicherheit der Hypotheken hat ihren Grund darin, daß nur Ein den Dispositionen eines Einzelnen unterworfenes Werthsobject verpfändet ist. Wenn das Pfand in den Besitz eines unzuverlässigen Zahlers gelangt, so fehlt dem Gläubiger jede Garantie für den richtigen Eingang der Zinsen. Wenn der Werth durch schlechte Verwaltung oder durch einen unglücklichen Zufall verringert wird, so ist ein Ausfall an Capital zu befürchten.

Die Beweglichkeit und die verhältnißmäßig größere Sicherheit der Börsenpapiere können die Hypotheken nur dann erlangen, wenn der Gläubiger von der eigenen Prüfung des Werthes und der eigenen Einziehung der Forderung, zugleich aber auch von den, aus der Verpfändung einer „speciellen“ Sache entstehenden Gefahren befreit wird, mit einem Worte, wenn nicht mehr ein Special-Pfand haftet, sondern eine Garantie geschaffen wird, über deren Werth ein bestimmtes und allgemeines Urtheil sich gebildet hat. Privatpersonen können diese Garantie nicht gewähren, da ihre Creditfähigkeit selten allgemein bekannt und immer einem raschen Wechsel unterworfen ist. Es müssen deshalb juristische Personen gebildet werden, deren Vermögen die erforderliche Bürgschaft bietet.

Man hat hierzu je nach der Verschiedenheit der Standpunkte, drei Mittel in Vorschlag, resp. in Anwendung gebracht:

a) die Einrichtung von Staats- oder Provinzial-Hypothekenbanken;

b) die Gründung von Capitals-Genossenschaften (Banken);

c) die Bildung von Grundbesitzer-Genossenschaften (Pfandbrief-Institute).

§ 8.

Die Garantie politischer Corporationen.

Staats- oder Provinzial-Hypothekenbanken haben bisher in Nord-Deutschland nicht existirt. Ihre Einrichtung ist erst in dem von den Abgeordneten Graf Lehndorff und Genossen dem Reichstage unterbreiteten Gesetz-Entwurfe „betreffend die Einrichtung von Hypothekenbanken für den städtischen und ländlichen Grundbesitz" in Vorschlag gebracht. Derselbe legt den innerhalb des Norddeutschen Bundes bestehenden größeren corporativen Verbänden, nämlich den großen Städten, Kreisen, Communal- und Provinzial-Verbänden, das Recht bei, unter ihrer Garantie Hypothekenbanken mit der Befugniß zur Ausgabe von auf jeden Inhaber lautenden Pfandbriefen, so wie zum Betriebe von Bankgeschäften behufs Verwerthung derselben, zu errichten.

Die gleichzeitig in Aussicht genommene Gründung einer Norddeutschen Bundes-Hypothekenbank deutet auf eine weitere Garantie des „Staates" hin.

Dieser Vorschlag ist jedoch nicht zu billigen: Die Erhaltung und das Gedeihen des Grundbesitzes ist allerdings durch das Interesse aller Staats-Angehörigen geboten. Deshalb würden die politischen Corporationen die Verpflichtung zur Uebernahme jener Garantie haben, wenn dem Grundbesitze auf andere Weise nicht geholfen werden könnte. So lange aber den Grundbesitzern die Hülfe der Capitals-Genossenschaften (Banken) oder ihrer eigenen Vereine (Pfandbrief-Institute) zu Gebote steht, erscheint die Garantie politischer Corporationen nicht als eine durch das Gesammtwohl gebotene Pflicht, sondern als eine Liberalität und deshalb als ein Unrecht: das, was den Grundbesitzern gegeben wird, wird den übrigen Klassen der Bevölkerung genommen. Diejenigen Steuerpflichtigen, welche keinen oder einen weniger verschuldeten Grundbesitz haben, werden also durch die Garantie prägravirt.

Der Staat sowohl, als einzelne Provinzen haben zwar vielfach für Privat-Unternehmungen eine Garantie übernommen. Hier wird aber zum ersten Male die Garantie für eine ganze Klasse der Bevölkerung verlangt. Dieser Unterschied ist von Bedeutung:

Die Garantie bezweckt die Schaffung eines Gegen-Gewichtes gegen die dem Hypotheken-Credite zum Nachtheil gereichende Concurrenz vortheilhafterer Capitals-Anlagen:

„Der Staat oder die Gemeinden sollen die Unterschiede im Credite dadurch ausgleichen, daß sie dem schlechter Gestellten mit ihrem Credite helfen.“

Credit hat Geldeswerth. Deshalb führt von jenem Verlangen ein kleiner Schritt zu dem Grundprincipe des Socialismus:

„Der Staat oder die Gemeinden müssen die Unterschiede des Vermögens dadurch ausgleichen, daß sie den Aermeren mit ihrem Vermögen, d. h. aus allgemeinen Mitteln helfen.“

Zum mindesten werden, sobald man die Hülfe der politischen Corporationen den Grundbesitzern gewährt, auch die übrigen Klassen der Bevölkerung in ähnlichen Nothständen Anspruch auf eine gleiche Hülfe erheben. Der Handwerkerstand, welcher nicht minder als der Grundbesitzer durch den Mangel an Kredit leidet, wird für seine Associationen die Garantie ebenfalls in Anspruch nehmen. Die Arbeiter werden ihnen sich anschließen — Anforderungen, denen die einzelnen Provinzen und der Staat unmöglich gewachsen sind.

Auf der anderen Seite wird der Grundbesitz in seiner Selbständigkeit bedroht: Die Garantie macht ihn von der Hülfe der politischen Verbände abhängig, während die Arbeit in einem Abhängigkeits-Verhältnisse bereits steht. Selbständig bleibt allein das „Capital.“ Bei dem innigen Zusammenhange zwischen der socialen und politischen Entwickelung wird die social abhängige sicher eine politisch untergeordnete Stellung nach sich ziehen. An die augenblickliche Hülfe des Staates wird nur zu bald die Unterdrückung durch die „den Staat beherrschende“ Geldmacht sich anschließen.

Ferner wird der Credit des Staates und der übrigen Verbände durch die Garantie wesentlich beschränkt. Es darf nur daran erinnert werden, daß die Gesammtsumme der Hypotheken-Schulden allein in Preußen ca. 6000 Millionen Thaler (weit mehr als das Doppelte aller Staats- und Eisenbahn-Anleihen zusammen!) beträgt, und daß beispielsweise in Berlin der städtischen Schuld von 5 Millionen Thalern, Hypotheken-Schulden im Gesammt-Betrage von 260 Millionen Thalern gegenüberstehen. — In Folge der Creditbeschränkung werden Nothstände der Grundbesitzer in noch höherem Maße als gegenwärtig Nothstände des ganzen Staates resp. der einzelnen Provinzen und umgekehrt. — Während mächtige, in ihrem Credite von den politischen

Verbänden unabhängige Banken, den letzteren in Zeiten der Noth die wesentlichste Hülfe bieten, tragen Banken, deren Credit mit dem öffentlichen Credite Hand in Hand geht, dazu bei, daß bei der geringsten Erschütterung des allgemeinen Vertrauens die Wirkungen des Mißtrauens um so schleuniger und gefährlicher eintreten. Denn jeder Gläubiger des Credit-Institutes ist zugleich Gläubiger des politischen Verbandes; jeder von der Bank genommene neue Credit erhöht also die öffentliche Schuld.

Endlich aber hat jene Garantie für den Grundbesitzer sogar „augenblicklich" nur geringen Werth, da die nach Art der bestehenden Credit-Vereine aus den Grundbesitzern einzelner Provinzen oder des ganzen Staates einzurichtenden Verbände im Wesentlichen ganz dieselbe Sicherheit gewähren. Denn wenn erst die Grundbesitzer einer Provinz oder des Staates nicht mehr zahlungsfähig sind, dann sind die übrigen Klassen der Bevölkerung, die Gewerbetreibenden und Arbeiter, sicher bankerott; die durch die Steuerkraft gewährte Sicherheit (und etwas anderes ist doch die Garantie der politischen Corporationen nicht) ist also dann gleich Null. — Hierzu kommt, „daß das Eintreten des Staates, — wie der Herr Prof. Bekker*) sehr richtig bemerkt, — eine Vermengung verschiedenartiger Interessen herbeiführen, und daß in Folge dessen manche zur Förderung des Grundcredites dienliche Maßregeln unterbleiben würden, aus Besorgniß den allgemeinen Staats-Interessen entgegenzuwirken."

§ 9.

Die Hypotheken-Actien-Gesellschaften.

Die Hypotheken-Actien-Gesellschaften sind in Norddeutschland erst in neuester Zeit bei immer mehr zunehmendem Verfall des Real-Credites zu einiger Bedeutung gelangt. Der Grundbesitzer darf indeß auch von ihnen Hülfe nicht hoffen: Sie sind kaufmännische Institute, und als solche auf Erwerb gerichtet. Der Kaufmann verdient aber um so mehr, je rascher sein Umsatz ist, d. h. je öfter er mit seinem Capitale operirt. Gerade hierin liegt der Grund für den äußerst wohlthätigen Einfluß der Banken auf Handel und Gewerbe: Der Kaufmann bedarf sehr häufig, aber immer nur auf kurze Zeit Credit.

*) „Die Reform des Hypothekenwesens" (Berlin 1867) S. 19.

Deshalb können die Banken ihr Capital sehr oft umschlagen und mit geringen Fonds einen verhältnißmäßig umfangreichen Credit gewähren, also für die einzelnen Credit-Bewilligungen mit verhältnißmäßig geringen Prämien sich begnügen. Andererseits aber kann der den Credit genießende Kaufmann eine hohe Prämie für die Creditbewilligung zahlen, da er bei dem raschen Umsatze die Vortheile aus dem Darlehn binnen kurzem erwarten darf. Bei einem mittleren Prämiensatze werden hiernach beide Theile ihre Rechnung finden, die Banken durch Erzielung hoher Dividenden, der Kaufmann durch leichte Erlangung eines nicht zu theueren Credites. — Bei dem Grundbesitzer ist das Verhältniß umgekehrt: Er bedarf eines Credites auf lange Zeit. Die Banken können mithin ihre Capitalien nur selten umschlagen, und nur mit einem verhältnißmäßig sehr bedeutenden Fonds helfen. Sie müssen deshalb hohe Prämien für die einzelnen Creditbewilligungen fordern. Andererseits kann der den Credit genießende Grundbesitzer keine hohe Prämie für die Creditbewilligung zahlen, da die Vortheile aus dem Darlehn ihm in der Regel erst nach Ablauf langer Zeit zu statten kommen. Die Folge hiervon ist, daß ein mittler Prämiensatz den Interessen beider nicht entspricht. Die Banken erzielen schlechte Dividenden, der Grundbesitzer klagt über theueren Credit. Der Verkehr muß hiernach fast mit Nothwendigkeit sich dahin gestalten:

Bei unkündbaren, d. h. durch Amortisation zu tilgenden Darlehnen verlangt die Bank hohe Prämien für die Unkündbarkeit. Da in den Statuten der höchste Zinsfuß festgesetzt zu werden pflegt, so hilft man sich mit anderen Rubriken, bei denen derartige Beschränkungen nicht bestehen, z. B. Provisionen, Versicherungsprämien, Beiträgen zum Reservefonds ꝛc. Kommt der Grundbesitzer in die Lage, die Zinsen oder Prämien nicht pünktlich zahlen zu können, so darf er auf Nachsicht nicht rechnen, da der Bank nur durch Vollstreckung der Execution (durch die Subhastation) die Möglichkeit neuer Operationen, d. h. neuen Verdienstes sich bietet.

Bei kündbaren Darlehnen wird die Bank in der Hoffnung auf den aus neuen Operationen erwachsenden Gewinn immer geneigt sein, an den Fälligkeitsterminen zu kündigen, und diese Geneigtheit wird gerade in kritischen Zeiten am meisten hervortreten, da alsdann die Einlösung der emittirten Hypothekenbriefe am billigsten zu bewirken ist, und die Grundbesitzer zur Bewilligung hoher Prolongations-Prämien am meisten geneigt sind.

Ein derartiges Verfahren ist allerdings mit dem an die Spitze der Statuten aller Hypothekenbanken gestellten Satze:

„Zweck der Gesellschaft ist die Beförderug des Real-Credites durch Gewährung unkündbarer und kündbarer Darlehne"

nicht in Einklang zu bringen. Der Grund des Widerspruches liegt aber darin, daß die Hypothekenbanken nicht gleichzeitig das Interesse der Actionaire und der Grundbesitzer wahren können. Entweder müssen sie ihre Natur als Erwerbs-Gesellschaften aufgeben oder jener Zweck muß zurückzutreten. Ein Blick auf den Courszettel ergiebt, nach welcher Seite sie mehr hinzuneigen pflegen. — Die Jahre der größten Noth für die Grundbesitzer sind die vortheilhaftesten für die Banken gewesen. Liegt nicht die Annahme nahe, daß sie darauf bedacht sein werden, jene Noth stabil zu machen? Die colossalen Summen, welche durch die gezahlten Dividenden repräsentirt werden, und zu denen noch die keineswegs kärglich bemessenen Tantièmen der Directionen und Verwaltungsräthe hinzutreten, sollten für die Grundbesitzer wohl eine Mahnung sein, daran zu denken, daß ein innerer Widerspruch darin liegt, wenn sie die Hülfe der Capitalisten anrufen, um von deren Drucke sich zu befreien.

§ 10.

Die Pfandbrief-Institute.

Eine wirkliche und ausreichende Basis zur Gewinnung der erforderlichen Garantie gewährt den Grundbesitzern nur ihr eigenes Besitzthum. Längst schon haben in den Actien-Gesellschaften mächtige Capitals-Associationen sich gebildet. Immer mehr erblühen in den Vorschuß-, Credit-, Productions- 2c. Vereinen die Arbeiter-Associationen. Der Grundbesitz ist eine mindestens ebenso gute Grundlage des Credites, als das Capital und die Arbeitskraft. Deshalb gilt es nur, daß auch die Grundbesitzer immer mehr des Satzes sich bewußt werden, „Einigkeit macht stark." Den Capitals- und Arbeiter-Genossenschaften müssen Genossenschaften der Grundbesitzer in größerer Ausdehnung zur Seite treten, als es bisher der Fall war. Die bestehenden Pfandbrief-Institute geben den thatsächlichen Beweis, daß das Princip der „Solidarhaft des Grundbesitzes“ bei gehöriger Begrenzung des zu beleihenden Werthes den Gläubigern jede irgend mögliche Sicherheit gewährt, ohne den Schuldner zu gefährden:

Der Credit, welcher dem Einzelnen versagt wird, wendet der Gesammtheit sich unbedenklich zu, weil der Gläubiger zu dem Vertrauen berechtigt ist,

daß nicht alle Verbindlichkeiten zu gleicher Zeit gelöst werden, und deshalb zur Lösung der einzelnen Verpflichtungen größere Mittel disponibel sind,

daß specielle Unglücksfälle Eines Schuldners, die Gesammtheit treffen, welche weit eher im Stande ist, dieselben ohne dauernden Nachtheil zu tragen, als der Einzelne,

daß in demselben Maße, in welchem Ein Genosse durch sein Verhalten an Creditwürdigkeit abnimmt, ein Anderer daran zunimmt,

daß endlich die Genossen sich gegenseitig controlliren und Einrichtungen treffen werden, welche einen Verlust, der ja zunächst sie selbst trifft, ausschließen.

Die Credit suchenden Grundbesitzer aber, welche für ihre Hypotheken den Werth „sicherer“ Capitals-Anlagen beanspruchen, werden und können keinen Anstand nehmen, die Sicherheit dadurch thatsächlich zu documentiren, daß sie mit dem Gesammtwerthe ihrer Grundstücke die gegenseitige Garantie übernehmen. Das hinsichtlich der auf Solidarhaft beruhenden Associationen der „Arbeiter“ von mancher Seite laut gewordene Bedenken, daß „in der Arbeitskraft und dem durch dieselbe repräsentirte Werthe“ ein zur Sicherung der Gläubiger und Schuldner ausreichender Fonds nicht gefunden werden könne, trifft bei den auf gleichem Prinzipe beruhenden Pfandbrief-Instituten nicht zu, da hier für jede einzelne Schuld ein Grundstück als Sicherheit dient, dessen Werth je nach der enger oder weiter bestimmten Beleihungsgrenze den Nominalwerth der Schuld mehr oder minder übersteigt.

Viel näher als den Arbeiter-Genossenschaften stehen die Pfandbrief-Institute den Actien-Gesellschaften, von denen sie sich nur dadurch unterscheiden, daß bei ihnen die Einlagen, nicht wie bei letzteren in Capital, sondern in einem fest begrenzten Grundwerthe bestehen. Will man daher den Pfandbrief-Instituten die Lebensfähigkeit absprechen, so muß man consequent entweder ein Gleiches hinsichtlich aller Actien-Gesellschaften thun, oder in Abrede stellen, daß jedes Grundstück ein Capital repräsentirt. Wenn nur die Pfandbrief-Institute bei Gewährung der Hypotheken-Darlehne die Grenze des Werthes, bis zu welcher ein Grundstück die Sicherheit einer baaren Einlage gewährt, innehalten, so werden die verpfändeten Grundstücke unter allen Zeitverhältnissen die erforderliche Deckung für die eingetragene Post gewähren.

Seit dem Bestehen der gerichtlichen Depositorien gehören die innerhalb der ersten Hälfte des Taxwerthes haftenden Hypotheken zu den depositalmäßig sicheren Papieren. In Betreff ihrer hat also die Gesetzgebung unzweideutig anerkannt, daß die den strengsten Grundsätzen entsprechende Sicherheit vorhanden ist. Mit diesem Anerkenntnisse würde die Behauptung in Widerspruch treten, daß die Uebernahme wechselseitiger Garantie für derartige Hypotheken mit den Grundsätzen einer soliden Vermögens-Verwaltung unvereinbar und deshalb im Wege der Gesetzgebung nicht zu gestatten sei.

§ 11.

Vorzug der Pfandbrief-Institute vor den Hypotheken-Actien-Gesellschaften.

Ueber den Vorzug der Pfandbrief-Institute vor den Hypothenbanken dürfte ein gerechter Zweifel kaum möglich sein. Während bei den Hypothekenbanken die Garantie der Hypotheken nur das Mittel zum Zwecke (dem Erwerbe) und deshalb dem letzteren untergeordnet ist, betrachten die Pfandbrief-Institute dieselbe als den Haupt-, ja als den ausschließlichen Zweck. Jene vermitteln den Verkehr zwischen den Capitalisten und den Capital-Suchenden im eigenen Interesse, diese im Interesse der Grundbesitzer. Die Pfandbrief-Institute wirken deshalb in Zeiten socialer Erregtheit beruhigend, während die Hypothekenbanken durch die Credit-Schwankungen, welche sie fördern, die fieberhafte Aufregung erhöhen, der so viele Grundbesitzer erliegen.

Sehr zutreffend charakterisirt den Unterschied die Commission des Berliner Magistrates zur Berathung des Statuten-Entwurfes für das Berliner Pfandbrief-Institut in den Motiven des Entwurfes S. 36 dahin:

„Der Begriff der Erwerbs- und Handels-Gesellschaft paßt in keiner Weise auf das Pfandbrief-Institut. Der Zweck „eine Erleichterung des Realcredites durch Emission von Pfandbriefen herbeizuführen" ist der alleinige Zweck desselben und dadurch unterscheidet es sich von andern Unternehmungen, welche zugleich einen directen Erwerbsgewinn für die Theilnehmer an dem Unternehmen (die Actionaire) beabsichtigen. Bei solchen Unternehmungen ist die Beleihung nur eines der Mittel, welche den Zwecken des Handelserwerbes der Actien-Gesellschaft dienen u. s. w."

Ferner Bekker in der Abhandlung: „Die Reform des Hypotheken-Wesens" (Berlin 1867) S. 38:

„Die Banken brauchen Geld und treten also selber als Concurrenten des Grundbesitzes auf dem Capitalmarkte auf; zudem wollen sie Dividenden haben, die der Grundbesitzer als Supererogation aufzubringen hätte. Damit ist nun zwar über ihren Werth noch nicht entschieden, aber das ist ganz gewiß, daß, wenn die Vortheile der Banken ohne jene Nachtheile zu haben wären, dies vorzuziehen sein würde. Und die Vortheile müssen bei richtiger Verwirklichung des Gegenseitigkeits-Princips auch allein zu haben sein."

Aehnlich S. 87:

„Es scheint mir unzweifelhaft, daß es den Interessen des Grundbesitzes ausschließlich entspreche, das (den Credit vermittelnde) Institut aus eigenem Vermögen herzurichten, statt dritten die Vortheile des Zwischenhändlers zufallen zu lassen."

Dennoch hat man versucht, die Banken als vortheilhafter hinzustellen und ihnen namentlich zwei Vorzüge vor den Pfandbrief-Instituten vindicirt:

1. Der Grundbesitzer erhalte den Nominalwerth der Hypothek baar ausgezahlt, während die Pfandbrief-Institute ihn mit Schuldbriefen abfänden, welche ohne Damnum nicht veräußerlich seien.
2. Der Grundbesitzer werde nicht den Gefahren der Solidarhaft ausgesetzt.

Diese angeblichen Vortheile sind jedoch als solche nicht anzuerkennen:

Zu 1: Zunächst ist es nicht richtig, daß die Hypothekenbanken den vollen Nennwerth zu zahlen pflegen; vielmehr ist ihnen immer das Recht eingeräumt, die Valuta nach ihrer Wahl entweder in Hypothekenbriefen oder baar zu zahlen. Ferner ist unerwiesen, daß bei zweckmäßiger Einrichtung der Pfandbrief-Institute es in der Regel unmöglich sein wird, die Pfandbriefe zum Paricourse unterzubringen. Und selbst wenn dies der Fall wäre, so würde daraus noch nicht folgen, daß der Grundbesitzer von Verlusten bedroht wird: Gegenwärtig muß er unter allen Umständen 100 zurückzahlen, auch wenn er bei Aufnahme, resp. Cession der Hypothek nur 90 als Valuta erhält. Der Besitzer eines bepfandbrieften Grundstückes dagegen zahlt nur Pfandbriefe in gleicher Art und Zahl zurück, wie ihm solche gewährt sind: Daraus, daß der Cours unter 100 beträgt, kann ihm daher ein Nachtheil nicht erwachsen. Dagegen scheint ihn ein Verlust zu treffen, wenn der Cours in der Zeit zwischen der Aufnahme und der Rückerstattung des Darlehns gestiegen ist. Allein einerseits würde diese Gefahr durch die ebenso nahe liegende Möglichkeit des aus dem etwaigen Sinken des Courses ihm erwachsenden Gewinnes ausgeglichen werden. Andrerseits ist aber jener Verlust in der That ein scheinbarer; denn der Börsencours ist der allgemein anerkannte und deshalb nach finanzwirthschaftlichen Grundsätzen absolut richtige Maßstab für den augenblicklichen Geldwerth. Der Grundbesitzer gewährt also bei dem Verkaufe der Pfandbriefe und erhält bei dem (zur Tilgung der Schuld erforderlichen) Wiederankaufe genau so viel, als nach dem allgemeinen Urtheile das Kaufobject werth ist. Ein mehreres kann er gerechter Weise nicht verlangen. Namentlich ist die etwa sich herausstellende Differenz der Course nicht als Gewinn oder Verlust zu betrachten. Ein solcher würde vielmehr gerade dann vorliegen, wenn jene allgemein anerkannte Werthdifferenz zu seinem Vortheile resp. Nachtheile nicht berücksichtigt würde. Der wesentliche Unterschied in der Lage des Schuldners bei den Cours-Differenzen und den Damno-Verkäufen besteht darin, daß bei diesen die Differenz nicht nach den feststehenden Werthen der Obligation zur Zeit ihrer Ausstellung und Tilgung ermittelt, sondern willkürlich ein Pauschquantum für die mögliche Werths-Differenz im Voraus in Abzug gebracht wird.

In einer Beziehung gereicht es dem Grundbesitzer sogar zum Vortheil, wenn er die Darlehne in coursfähigen Pfandbriefen erhält und zu restituiren hat. Denn da dieselben Umstände, welche ein Sinken resp. Steigen der Grundstückspreise herbeiführen, nothwendig auch ein Fallen resp. Heraufgehen der Pfandbriefcourse bewirken, so bleibt zwischen dem Werthe des Grundstückes und den Hypotheken-Schulden stets ein richtiges Verhältniß, und der Grundbesitzer ist namentlich nicht den großen Verlusten ausgesetzt, welche ihn bei Verkäufen in kritischen Zeiten dadurch treffen, daß die Hypothekenschulden stets dieselbe Höhe behalten, auch wenn die Preise der Grundstücke erheblich gefallen sind. *)

Zu 2. Die meisten Hypotheken-Actien-Gesellschaften sind berechtigt,

„den zehnfachen Betrag des Grundcapitales in unkündbaren,

„den einfachen Betrag in kündbaren"

Hypothekenbriefen auszugeben. Das Grundcapital ist die Deckung zunächst für die kündbaren Hypothekenbriefe, welche an die Bank zurückgelangen, sobald ihre Operationen oder die Zeitverhältnisse zu einer Erschütterung des Vertrauens Veranlassung geben. Für die unkündbaren Hypothekenbriefe bleibt im Wesentlichen nur die Deckung durch den Reservefonds (welcher zum Theil aus Beiträgen der Grundbesitzer, zum Theil aus Procenten des Gewinnes der Bank gebildet wird) und durch die Hypotheken-Forderungen der Gesellschaft. Es tritt also für die Grundbesitzer dieselbe Gefahr ein, wie bei den Pfandbrief-Instituten. Der Unterschied besteht nur darin, daß bei diesen die Beiträge zum Reserverfonds ꝛc. und der Gewinn aus den Operationen den Grundbesitzern wieder zu statten kommen, während sie bei jenen in die weiten Taschen der Actionaire wandern.

Selbst wenn man aber von den kündbaren Darlehnen ganz absieht, gestaltet das Verhältniß sich nicht wesentlich anders.

Wenn nämlich die Hypothekenbanken die Darlehns-Valuta in baarem Gelde zahlen, so müssen sie mit dem Grundcapitale die Coursschwankungen der Hypothekenbriefe ausgleichen. Da nun das Grundcapital nur 10 pCt. von dem Nennwerthe der Hypothekenbriefe zu betragen pflegt,

---

*) Mein Aufsatz a. a. O. S. 121.

so gewährt dasselbe kaum eine ausreichende Sicherheit dafür, daß die Bank unter allen Umständen im Stande sein werde, ohne Rückgriff auf den Reserve- und den Hypothekenfonds die Differenz zwischen dem Nominalwerthe und dem Course der Hypothekenbriefe zu decken. — Die Sicherheit der Hypothekenbriefe selbst besteht daher grade eben so wie bei den Pfandbriefen nur in dem Reserve- und dem Hypothekenfonds.

Wenn ferner die Hypothekenbanken die Valuta in courshabenden Papieren zahlen (wie dies die Pfandbrief-Institute thun), so tritt allerdings die Gefahr aus der Solidarhaft für die Grundbesitzer zurück. Sie entsteht aber für die Eigener der Bankantheile. Letztere übernehmen mit den eingeschossenen Capitalien die Bürgschaft für die Grundbesitzer und verlangen hierfür selbstredend — sei es in Form von höheren Zinsen oder von Provisionen 2c. — eine Prämie. Der Betrag derselben richtet sich nach dem Umfange der Gefahr, wird aber, da der Capitalist verdienen will, immer bedeutender sein, als der zu erwartende Ausfall. Dieses plus ersparen die Grundbesitzer, wenn sie selbst jene Bürgschaft für einander übernehmen.

§ 12.

Die Norddeutsche Bundes-Hypotheken-Bank.

Der nächste Zweck der Pfandbrief-Institute „Herstellung einer allgemein bekannten Garantie für die Hypotheken," wird um so vollständiger erreicht werden, in je weiteren Kreisen die Institute allgemein bekannt sind. Ein Credit-Institut wird aber um so bekannter, je umfassender seine Operationen sind. Deshalb wird der bei Gründung der Pfandbrief-Institute beabsichtigte Zweck im ausgedehntesten Maße erreicht werden, wenn für den ganzen Staat eine einheitliche Corporation jene Garantie übernimmt.

Auch der weitere Zweck „dem Grundbesitzer für seine Pfandverschreibungen die Concurrenz mit den Werthpapieren industrieller Unternehmungen zu ermöglichen" (§ 7), wird um so mehr erfüllt werden, je mehr er in den Vordergrund tritt. Wenn aber Pfandbrief-Institute in größerer Zahl neben einander existiren, so werden sie zunächst sich gegenseitig und erst in zweiter Linie den übrigen Börsenpapieren Concurrenz machen. Nur durch die Verschmelzung aller Institute zu einem Systeme kann an die Stelle der die Wirksamkeit der einzelnen beeinträchtigenden Concurrenz eine allen zum Vortheil gereichende Connivenz treten.

Beide Gesichtspunkte machen die Gründung einer einheitlichen „Norddeutschen Bundes-Hypotheken-Bank“ dringend wünschenswerth.

Zur Erreichung dieses Zieles macht Herr Prof. Bekker*) folgenden Vorschlag:

„Sämmtliche Grundstücke des Norddeutschen Bundes werden zu einem Grundschulden-Verbande vereinigt. Derselbe hat juristische Persönlichkeit. Substrat sind die sämmtlichen Grund- und resp. gebäudesteuerpflichtigen Grundstücke des Gebietes, wo das Institut zur Ausführung gelangt. Der Geschäftskreis umfaßt neben der ganzen Verwaltung der Grundbücher Alles, was die Vermittelung des Verkehrs zwischen Capitalisten und Grundbesitzern erheischt.“

Einen direct entgegengesetzten Vorschlag habe ich in einer höheren Ortes im Jahre 1866 erforderten Zusammenstellung meiner Ansichten über die Mittel zur Abhülfe der Creditnoth gemacht. Ich hatte mich zunächst für die Errichtung allgemeiner Pfandbrief-Institute und demnächst weiter dahin ausgesprochen:

„Wenn in dem Gebiete des Preußischen Staates drei Pfandbrief-Institute vollständig constituirt sind — dies ist der Fall, wenn ihre Reservefonds die festgesetzte Maximalhöhe erreicht haben, — so werden dieselben vereinigt. Jedes neue Pfandbrief-Institut tritt mit dem Abschlusse des Jahres, in welchem es vollständig constituirt worden, der Vereinigung bei. Die Activa und Passiva werden gemeinschaftlich. Die sämmtlichen bei ihnen betheiligten Grundstücke haften für die gesammten Passiva. Die Amortisation und Prämienverloosung erfolgen nach Einem Plane.“

Während Bekker die Einheit von außen her schaffen will, habe ich geglaubt, die Grundlage der Bank in den Provinzial-Verbänden suchen zu müssen und diese erst dann vereinigen zu dürfen, wenn sie als lebensfähig sich bewährt haben. Auf einer gleichen Grund-Anschauung scheint der dem Reichstag vorgelegte Graf Lehndorff'sche Gesetzes-Entwurf (cf. § 8.) zu beruhen, da im § 7. desselben bestimmt wird:

---

*) 17 die allg. Abh. „Reform des Hypotheken-Wesens“ S. 44. 96.

Die oberste Aufsicht über die auf Grund dieses Gesetzes in's Leben getretenen Hypothekenbanken geht mit der in Aussicht zu nehmenden Errichtung einer Norddeutschen Bundes-Hypotheken-Bank auf die Verwaltung der letzteren über."

In der Mitte zwischen beiden Vorschlägen liegt das in dem Statute des Credit-Institutes für die Königl. Preußische Ober- und Nieder-Lausitz v. 30. Octbr. 1865 (Ges.-Samml. S. 1056. ff.) befolgte Princip. Dies Statut bestimmt nämlich:

§ 1. Die Stände des Königl. Preußischen Markgrafenthums Ober-Lausitz und die Stände des Königl. Preußischen Markgrafenthums Nieder-Lausitz errichten unter ihrer Verwaltung und unter Oberaufsicht des Staates ein gemeinsames Credit-Institut.

§ 3. Für die Sicherheit der Inhaber von Pfandbriefen rücksichtlich ihrer Forderungen an Capital und Zinsen haften:

1. die vom Institute verwalteten Fonds,
2. die von den Schuldnern zur Hypothek verschriebenen Capitalien,
3. die zum Creditwerk verbundenen Grundstücksbesitzer mit ihrem zur Zeit bepfandbrieften unbeweglichem Vermögen.

§ 37. Erleidet das Institut einen Ausfall an Capital oder Zinsen, so wird dasselbe gedeckt aus dem Reserve- resp. Amortisations-Fonds des Schuldners, rücksichtlich dessen ein Ausfall erlitten worden ist; reicht dies Guthaben nicht aus, so wird der erlittene Ausfall pro rata von allen übrigen Reservefonds derselben Bezirks-Direction getragen; reichen auch diese nicht aus, so treten die Reservefonds der andern Bezirks-Direction in gleicher Weise ein und erst, wenn auch auf diese Weise Deckung nicht zu erlangen sein sollte, tritt die Haftbarkeit der zum Creditwerk verbundenen Schuldner nach § 3. in Kraft.

Der Vorschlag des Herrn Prof. Bekker scheint nicht unbedenklich. Bei der großen Verschiedenheit des Werthes der Grundstücke in den einzelnen Landestheilen werden und müssen die Grundbesitzer Bedenken tragen, vor Constituirung eines zur Deckung etwaiger Ausfälle unter allen Umständen ausreichenden Reservefonds mit einzelnen Grundbesitzern, welche vielleicht an den entgegengesetzten Grenzen des Reiches angesessen sind, in ein unmittelbares Gesammt-Bürgschafts-Verhältniß zu treten. Hierzu kommt, daß der Vorschlag die Vereinigung der Führung des Hypothekenbuchs und der Creditvermittelung bedingt, welche mit großen Gefahren verbunden ist: Einerseits kann der öffentliche Glaube des Hypothekenbuchs nur dann im vollen Maße gewahrt werden, wenn dasselbe von einer bei den Eintragungen pecuniär nicht interessirten Behörde geführt wird, und andrerseits gewährt das Hypothekenbuch nur dann eine unbedingt sichere Controlle für die Credit-Vermittlungen, wenn das Credit-Institut nicht selbst die hypothekarischen Eintragungen vorzunehmen hat. Die Uebertragung der Führung des Hypothekenbuches auf denjenigen Verband, welcher selbst Gläubiger der einzutragenden Hypotheken und Schnldner der emittirten Pfandbriefe ist, würde also die Sicherheit der letztern und in Folge dessen den Credit der Grundbesitzer schmälern, den öffentlichen Glauben des Hypothekenbuches aber auf's Höchste gefährden. —

Der von mir gemachte Vorschlag trägt zwar dem Bedenken, daß vor Constituirung eines ausreichenden Reservefonds den einzelnen Grundbesitzern die Uebernahme der unmittelbaren Gesammtbürgschaft für die in entfernt belegenen Landestheilen angesessenen Genossen nicht zuzumuthen sei, Rechnung, schiebt aber die Gründung des Central-Institutes in die Ferne und gewährt deshalb den Grundbesitzern die beabsichtigte Hülfe zur Zeit nur in beschränktem Maße. — Auch diesem Mangel begegnet das allegirte Statut des Credit-Verbandes der Ober- und Nieder-Lausitz. Dasselbe ermöglicht die sofortige Eröffnung des Central-Institutes, indem es die aus der Solidarhaft für entfernt von einander liegende Grundstücke erwachsende Gefahr dadurch mildert, daß es die Reservefonds der beiden vereinigten Bezirke trennt und erst nach vollständiger Erschöpfung der dem hauptsächlich verpflichteten Bezirke gehörigen Reservefonds die Haftung des associirten Bezirks eintreten läßt. — Für die durch das Statut begründete Vereinigung zweier benachbarter Bezirke, war diese beschränkte Trennung der Fonds vollständig ausreichend. Ob sie bei einem den ganzen Norddeutschen Bund umfassenden Central-Institute ihre Aufgabe erfüllen würde, erscheint wenigstens zweifelhaft. Die Trennung wird aber sicherlich genügen, wenn man einen Schritt weiter geht. Die einzelnen Verbände müssen für ihre Schulden principaliter und zwar nicht nur mit dem Reservefonds, sondern auch mit dem Hypothekenfonds haften. Erst nach vollständiger Erschöpfung beider Fonds darf die Haftung der übrigen Verbände eintreten. Wie diejenige Staats-Verfassung die beste ist, welche den einzelnen Gemeinden jede mit der einheitlichen Verwaltung des Staates vereinbare Selbstständigkeit gewährt, so wird auch diejenige Verfassung der projectirten Bank die meiste Anerkennung finden, welche den einzelnen Pfandbrief-Instituten jede mit der Centralisation irgend zu vereinigende Selbstständigkeit beläßt.

Hiernach empfiehlt sich folgende Einrichtung:

> Jeder Grundbesitzer tritt nur mit den übrigen Grundbesitzern seiner Provinz, jedes Provinzial-Institut mit den übrigen Provinzial-Instituten des Staates in ein Gesammtbürgschafts-Verhältniß. Das Central-Institut emittirt sämmtliche Pfandbriefe und ist alleiniger Schuldner derselben. Die etwaigen Ausfälle werden auf diejenigen Provinzial-Institute, in deren Bereich sie entstanden sind, repartirt. Erst bei eintretender Zahlungsunfähigkeit eines Provinzial-Institutes haften die übrigen Provinzial-Institute.

Wie die Einrichtung der einzelnen Verbände auf dem Principe beruht, daß einer großen Genossenschaft der Credit, welcher dem Einzelnen versagt werden muß, ohne Gefahr gewährt werden kann, so beruht die vorgeschlagene Verschmelzung der einzelnen Verbände zu einem Central-Institute nur auf einer wiederholten Anwendung desselben Princips. Die Grundbesitzer bethätigen den Capitalisten dadurch, daß sie für die Verbände eine Bürgschaft übernehmen, welche sie dem einzelnen Genossen versagen, die Solidität des Princips, auf welchem ihre Credit-Institute beruhen.

Es erhellt, daß eine derartige Association der Institute die den Grundbesitzern aus der Gesammtbürgschaft erwachsende Gefahr nicht wesentlich vergrößern, wohl aber in den Augen entfernt wohnender und deshalb mit den Verhältnissen Norddeutschlands nicht speciell bekannter Gläubiger die Sicherheit der Pfandbriefe erhöhen, den Hypotheken einen weiten Markt eröffnen und die Interessen aller Landestheile consolidiren wird. Dennoch muß dem Princip der freien Bewegung auch hier Rechnung getragen werden. Wie kein Grundbesitzer gezwungen werden darf, dem Provinzial-Verbande beizutreten, so darf keinem Provinzial-Verbande die Verpflichtung auferlegt werden, Theilnehmer der Bundes-Hypothekenbank zu werden. Man gebe denjenigen, die es versuchen wollen, selbstständig ihren Credit zu suchen, getrost die Concession. Ihr eigenes Interesse wird sie bald genug zum Beitritt führen — wenn nicht, so ist dies der beste Beweis, daß das Central-Institut die Vortheile, welche man sich von ihm versprochen, nicht gewährt, und es wird dann ein Kleines sein, durch Auflösung desselben den einzelnen Verbänden ihre volle Selbstständigkeit wieder zu gewähren.

b. Besserung der staatlichen Stellung des Grundbesitzes.

§ 13.

Bedeutung der wirthschaftlichen Associationen überhaupt und der Pfandbrief-Institute insbesondere.

Die bisherige Geschichte unseres Volkes ergiebt, daß wir mit Riesenschritten der Geld-Oligarchie entgegen gehen. Die Arbeit steht zum größeren Theile schon jetzt in einem Abhängigkeits-Verhältnisse zum Capital; der Grundbesitz verliert immer mehr seine alte Bedeutung und kommt je nach seinem Umfange nur noch als Capital oder als Mittel zur Arbeit in Betracht. Auf der anderen Seite sind die hergebrachten Standes-Unterschiede ausgeglichen worden und der politischen Gleichberechtiguug gewichen. Das Interesse der Geld-Oligarchen liegt auch hier zu Tage. Nur durch die von ihnen stets auf's Neue wiederholte Parole: „Das Volk ist die souveräne Macht," „die politischen Grundrechte des Volkes werden unterdrückt" kann es ihnen gelingen, die große Masse eine Zeitlang über die bittere Wahrheit zu täuschen, „daß sie selbst es sind, welche die Fessel schmieden und die sociale Freiheit des Volkes unterdrücken." Nur durch die Erhaltung und Erhöhung der politischen Unzufriedenheit dürfen sie hoffen, immer geneigte Unterstützung bei ihrem egoistischen Streben nach Schaffung neuer Zustände zu finden. Dazu kommt, daß jede neu errungene Freiheit vor allen ihnen zum Vortheil gereicht, da jede Erhöhung der Kraft des Abhängigen die Macht des Herrschenden steigert. — Diese Entwickelung hat aber einen düsteren Hintergrund. Je mehr das Volk zum politischen Selbstbewußtsein oder richtiger zur politischen Selbstüberhebung geführt wird, desto drückender wird ihm die sociale

Abhängigkeit. Gelingt es ihm dereinst nicht mehr, die Fessel zu lösen, so wird es sie gewaltsam zerreißen. Denn wo bei Uebertreibung des politischen Gleichheitsprincips neben pomphaftem Reichthum die drükkendste Armuth wohnt, ist Communismus und Socialismus die nothwendige Folge.

Deshalb liegt es im Interesse des Staates, auf die Vermittlung der drohenden Gegensätze bedacht zu sein. Das Mittel hierzu bieten „die auf dem Princip der Selbsthülfe beruhenden Associationen."

Dieselben haben auf anderm Gebiete eine ähnliche Aufgabe schon einmal erfüllt. Als Blutrache und Fehde unser Volk zu vernichten drohten, entstanden in Form der Wehr- und Gesammtbürgschaften die Associationen zum Schutze der Person und Familie. Derselbe Kampf, welcher vormals um Leben und Freiheit geführt wurde, ist gegenwärtig auf dem Gebiet der wirthschaftlichen Interessen entbrannt. Auch hier droht der Starke den Schwachen zu erdrücken; auch hier bietet die Association das Mittel zur Hülfe:

Wie in alter Zeit der äußeren Gewalt einzelner Machthaber durch Vereinigung der Schwächeren zu gemeinsamer Hülfe, so muß in jetziger Zeit der Uebermacht des Capitals durch Vereinigung der weniger geltenden wirthschaftlichen Kräfte ein Gegengewicht geschaffen werden. Wie in alter Zeit die einzelnen Gemeinden das Recht der Person schufen und schützten, *so werden die Associationen der Neuzeit das Recht auf gleichmäßige Anerkennnng aller wirthschaftlichen Kräfte schaffen und schützen.* Wie die alte Gesammtbürgschaft ihren höchsten Zweck erreicht hat in der Aufhebung des Unterschiedes zwischen Freien und Unfreien, so ist der höchste Zweck der modernen Association die Kluft zwischen Armen und Reichen zu überbrücken.

Wie aber ferner die alten politischen Associationen die Entwickelung der wirthschaftlichen Kräfte ermöglicht und gefördert haben, so werden die wirthschaftlichen Associationen rückwirkend auf die politische Entwickelung des Volkes einen wohlthuenden Einfluß üben. Sie werden bei den Grundbesitzern uud Arbeitern das Selbstbewußtsein erhalten, welches die Geld-Oligarchie gegenwärtig zu ersticken droht. Die Grundbesitzer werden die Wahrheit des von unserem Könige bei Verabschiedung des 2. Reichstages gesprochenen Wortes:

„die Gemeinschaft der wirthschaftlichen Interessen hat die Verpflichtung zum gemeinschaftlichen Schutze derselben zur Voraussetzung"

immer mehr erkennen lernen und mit vereinter Kraft den weiteren Uebergriffen der Capitals-Herrschaft entgegentreten. Aber auch der Arbeiter wird sich seines wahren Interesses bewußt werden, welches dahin geht, daß nicht die Interessen einzelner Klassen vorzugsweise Berücksichtigung finden, sondern die Interessen Aller gleichmäßig zur Geltung kommen. Ganz dasselbe Interesse hat die Krone, deren Stellung über den Parteien bedroht wird, wenn eine der Parteien dauernd das Uebergewicht erhält. Deshalb ist zu hoffen, daß aus den Associationen ein Mittelstand erwachsen wird, der den Schutz seiner Interessen in einem kräftigen Rechts-Schutze und einem mächtigen Königthume findet. —

Hiernach erscheint die Besorgniß vor der wachsenden Macht der auf Selbsthülfe beruhenden Genossenschaften nicht begründet, sofern nur der Unterschied zwischen den Associationen „zur Herstellung des Gleichgewichtes zwischen allen Interessen" und den Associationen „zur Vernichtuug der vorherrschenden Interessen" festgehalten wird. Zu der ersteren Kategorie gehören die Vereine zur Beschaffung von Credit und eigenem Capital, die Vorschuß, Consum- und Productions-Vereine; zu der letzteren die Associationen der Communisten, Socialisten, Coalitionisten ꝛc. — Jene führen zur Concurrenz, diese zur Collision. Jene spornen alle wirthschaftlichen Kräfte zu größerer Thätigkeit an, fördern den Wohlstand und führen auf der Grundlage des Rechtes zur Freiheit. Diese dagegen vernichten wirthschaftliche Kräfte, erhöhen die Noth der Armuth und führen durch Revolution zum Terrorismus und Despotismus.

Die Pfandbrief-Institute werden aber auch, abgesehen von der mit den übrigen Associationen ihnen gemeinsamen hohen Aufgabe, die den Grundbesitzern aus dem Uebergewichte des Capitals bereits erwachsenen Nachtheile mildern:

Die Sicherheit der Institute macht die Ausschließung aller Neubauten und kleiner Landparcellen von der Bepfandbriefung nothwendig. (cfr. § 22.) In Folge dieser Credit-Erschwerung hat der mittellose Bau-Unternehmer geringere Aussicht auf Gewinn, der Gutsschlächter geringere Aussicht auf Abnehmer der Parcellen. Beiden wird dadurch ihr Geschäft verleidet. Die Ausführung von Neubauten wird das Bedürfniß nicht übersteigen, die Zersplitterung der bäuerlichen Güter abnehmen, und sowohl der städtische als der ländliche Grundbesitz an Stätigkeit gewinnen.*)

Auch die durch die neuere Gesetzgebung entstandene Unsicherheit des Hypotheken-Verkehrs wird weniger nachtheilig wirken, da die Solidarhaft aller Grundstücke eine Ausgleichung der bei einzelnen vorkommenden Differenzen zur Folge hat, und da überdies durch eine zweckmäßige Verfassung der Pfandbrief-Institute die über das Eigenthum und den Umfang des Pfandes bestehende Ungewißheit sehr erheblich beschränkt werden kann.

§ 14.

Aenderungen der Gesetzgebung.

Eine vollständige Hülfe gegen die Rechts-Ungewißheit ist allerdings nur durch Aenderung der Gesetzgebung über das gesammte Immobiliar-Sachenrecht in Verbindung mit einer genauen Vermessung und Kartirung aller Grundstücke möglich. Gegen diese tritt aber das Bedenken auf, daß einerseits das Bedürfniß einer einheitlichen Gesetzgebung immer mehr sich geltend macht, und daß andrerseits jede Gesetzes-Reform, welche einzelne Theile des Rechts nach neuen Principien regelt, den organischen Zusammenhang stört und deshalb nur gar zu leicht mehr schadet als nützt. Beide Gründe möchten eine baldige Reform unsers gesammten, nicht aber eine vorläufige Umgestaltung des Immobiliar-Sachenrechtes wünschenswerth erscheinen lassen.

In Betreff des Prozeßrechtes ist durch die bereits begonnene Ausarbeitung eines Entwurfes die Erfüllung des Verlangens nach einem einheitlichen Gesetze wesentlich näher gerückt. Deshalb möge es erlaubt

*) Selten wohl ist eine unrichtigere Behauptung aufgestellt worden, als die unserer Gesetzes-Revisoren, daß die Pfandbrief-Institute den Grundbesitz mobilisiren. Sie wirken das gerade Gegentheil, indem sie durch Einschränkung der Güter- und Bau-Speculation den Grundbesitz befestigen, durch Erleichterung des Credites die Veranlassung zu vielfachen Veräußerungen beseitigen, durch Gewährung unkündbarer Darlehne die Zahl der aus den Kündigungen der Hypotheken erwachsenden Subhastationen vermindern.

sein, namentlich auf drei Punkte unserer Subhastations-Gesetzgebung hinzuweisen, welche in der Praxis zu vielen Klagen Veranlassung geben:

1. auf die Kostspieligkeit und Weitläufigkeit des Taxverfahrens,
2. auf die zu große Geräumigkeit der Fristen bis zum Bietungs-Termine,
3. auf den Cautionspunkt.

Zu 1. Da die Taxen nur zur Information dienen und nicht vertreten werden, so wird man dieselben wenigstens in denjenigen Landestheilen, in welchen die Grund- und Gebäudesteuer bereits eingeführt ist, ohne Nachtheil durch Auszüge aus den Grund-Steuer-Catastern und Registern ersetzen können.

Zu 2. Nach der gegenwärtig bestehenden Gesetzgebung sind die Fristen des Bietungstermines von dem Werthe der Grundstücken abhängig. Zweckmäßiger möchte es sein, die Eigenschaft der Grundstücke als Maßstab anzunehmen; über den Werth ländlicher Grundstücke können die Kauflustigen sich nicht zu jeder Zeit informiren; deshalb müssen die Fristen von längerer Dauer sein. Bei städtischen Grundstücken fällt dieser Grund weg; hier erscheint deshalb die allgemeine Klage über die zu große Geräumigkeit der Fristen bis zum Bietungstermine begründet und eine Abkürzung derselben bis auf 1/3 der jetzigen Dauer wohl zulässig.

Zu 3. Die Bestimmung im § 11. der Verordnung v. 4. März 1834,*) nach welcher jeder Hypotheken-Gläubiger, dessen Hypothek innerhalb der Taxe ausläuft, mit seiner Forderung für das abgegebene Meistgebot die vorgeschriebene Caution bestellen kann, ist dem Real-Credite vorzugsweise schädlich; sie ist die letzte Ursache der vielfachen Resubhastationen. In dem Entwurfe der neuen Prozeß-Ordnung vom Jahre 1864 ist dies auch anerkannt und deshalb angeordnet, daß nur die innerhalb der ersten Hälfte der Taxe eingetragenen Hypotheken als Caution zuzulassen seien. Aber auch diese Hülfe entspricht nicht dem Zwecke der Bietungs-Caution. Durch letztere soll den Subhastations-Interessenten eine Sicherheit dafür gewährt werden, daß das Meistgebot gezahlt und ihr Pfandrecht abgelöst wird. Eine Sicherheit aber kann dem Hypothekarius nie durch postintabulirte Forderungen geboten werden,

*) Ges.-Samml. S. 39. ff.

mögen sie an sich auch noch so sicher sein. Eine durchgreifende Hülfe ist nur dann zu erwarten, wenn kein Hypotheken-Gläubiger beim Widerspruche eines vor ihm eingetragenen Gläubigers mit seiner Forderung Caution bestellen darf.*)

Der Wegfall des mandatum monitorium, sowie aller, die Subhastation hindernden oder verzögernden Privilegien der Grundbesitzer und landschaftlichen Institute darf wohl als selbstverständlich angenommen werden, da die Erfahrung hinlänglich bewiesen hat, daß sie den Grundbesitzern nicht zum Vortheile, sondern zum Nachtheile gereichen.

Endlich erscheint die möglichste Entlastung des Grundbesitzes von den in unverhältnißmäßiger Höhe ihn treffenden öffentlichen Abgaben**) dringend wünschenswerth. Inbesondere dürfte die Ermäßigung der mit dem Hypothekar-Verkehr verbundenen hohen Stempel und Kosten ein Gebot der Gerechtigkeit sein; denn, da der Besitz von Grund und Boden gegenwärtig nicht mehr Rechte und Vortheile gewährt, als der Besitz fahrender Habe, so ist es billig, daß auch der auf ihn bezügliche Rechts-Verkehr nicht höher belastet werde. Namentlich rechtfertigt sich von diesem Gesichtspunkte der Anspruch auf stempelfreie Ausfertigung der Pfandbriefe.

B. Deckung des größeren Creditbedürfnisses.***)

§ 15.

Das größere Creditbedürfniß ist durch die Nothwendigkeit, auf Erzielung höherer Erträge bedacht zu sein, entstanden. Deshalb würde das Verlangen nach einem höheren Real-Credite, welcher von dem Vertrauen in die bereits vorhandene Leistungsfähigkeit des Grund und Bodens abhängig ist, nicht gerechtfertigt erscheinen. Die Herbeiführung größerer Leistungsfähigkeit, ist nur durch eine höhere Betriebsamkeit möglich. Der Grundbesitzer muß daher denjenigen Credit, welcher sich auf das Vertrauen zu seiner Betriebsamkeit gründet, d. h. den Personal-Credit zur Hülfe nehmen. Bisher hat er dies nicht gethan und leider in Folge unsrer Gesetzgebung nicht thun können:

---

*) Mein Aufsatz a. a. O. S. 129.

**) Loebe, Der Nothstand der Landwirthe. S. 26. ff.

***) Zu vergl. Schoffer, die landwirthschaftl. Credit-Crisis. (Zürich. 1867.) S. 48. ff.

Da, wie erwähnt, der Real-Credit auf dem Vertrauen in die Leistungsfähigkeit des Grund und Bodens beruht, so legen die Hypothekengläubiger auf die mit der Hypothek verbundene persönliche Forderung in der Regel wenig Gewicht. Der Personal-Credit des Grundbesitzers aber wird durch die persönliche Verbindlichkeit schwer belastet, da die persönliche Leistungsfähigkeit um den Vermögenswerth jener Verpflichtung sich verringert. Die Gesetzgebung zwingt hiernach den Grundbesitzer zur Uebernahme einer dem Gläubiger werthlosen, ihm selbst aber höchst nachtheiligen Verpflichtung. So lange der Grundbesitzer Ueberfluß an Real-Credit hatte, empfand er die Folgen dieser Credit-Verschwendung nicht; sie sind desto drückender hervorgetreten, nachdem an die Stelle jenes Ueberflusses der Mangel getreten ist. Deshalb gehört es, so lange die gegenwärtige Gesetzgebung besteht, zu den wesentlichen Aufgaben der Pfandbrief-Institute, durch Trennung der dinglichen und persönlichen Verpflichtung dem Grundbesitzer den Personal-Credit zu ermöglichen. (cf. § 22.)

Nach Lösung dieser Aufgabe steht der Grundbesitzer jedem andern Gewerbtreibenden gleich; ihm ist daher auch in derselben Weise zu helfen, nämlich durch Errichtung von Banken mit Capital-Betheiligung oder von Genossenschaften auf dem Principe der Selbsthülfe. In den Geschäftskreis der letzteren sind alle Rechtshandlungen zu ziehen, welche zur Hebung des Personal-Credites der Grundbesitzer dienen, namentlich die Gewährung von Darlehnen gegen Pfand oder Bürgschaft, die Anlegung von Sparkassen, die Einrichtung eines Giro-Verkehrs mit den einzelnen Grundbesitzern. Die erforderlichen Fonds müssen durch die Einlagen der Genossen, durch die Bestände der Sparkassen, durch die Vorschüsse der Pfandbrief-Institute und durch Aufnahme anderweitiger Darlehne gebildet werden. — Da der Personal-Credit persönliche Bekanntschaft voraussetzt, so müssen die Genossenschaften auf Bezirke sich beschränken, in denen eine derartige Bekanntschaft zu ermöglichen ist. Sie werden also, während die Pfandbrief-Institute ganze Provinzen umfassen, über den Umfang der einzelnen Kreise in der Regel sich nicht erstrecken dürfen. —

Ihre Entstehung zu fördern, liegt wesentlich im Interesse der Pfand-Brief-Institute. Zunächst wird durch die Meliorationen, welche sie ermöglichen, der Werth der bepfandbrieften Grundstücke erheblich erhöht;

ferner kann ihnen bei Herstellung einer geeigneten Verbindung die Vermittelung des Verkehrs zwischen den Pfandbrief-Instituten und den Grundbesitzern übertragen werden; endlich sind sie wegen ihres eigenen großen Interesses an einer wirthschaftlichen Verwaltung vorzugsweise geeignet, für die Pfandbrief-Institute die unmittelbare Controlle der einzelnen bepfandbrieften Grundstücke zu übernehmen.

Die Herstellung der Verbindung erscheint nicht schwierig. Da die Pfandbrief-Institute in den Reserve-Fonds Capitalien besitzen, welche zinsbar angelegt werden müssen, und da andrerseits die Genossenschaften zur Hebung des Personal-Credites derartiger Capitalien bedürfen, so können die Interessen beider Verbände in einer für beide vortheilhaften Weise dadurch consolidirt werden, daß die Pfandbrief-Institute aus ihren Reservefonds den Genossenschaften zinsbare Vorschüsse zur Disposition stellen. Um jede Gefahr eines Ausfalles abzuwenden und gleichzeitig allen Ansprüchen gerecht werden zu können, ist wenigstens für einen Theil der Vorschüsse eine kurze Kündigungsfrist zu stipuliren und die äußerste Grenze des Credites abhängig zu machen:

a) von der Größe der Credit suchenden Association, indem nur solchen Genossenschaften Credit gewährt wird, bei welchen eine bestimmte Anzahl der auch zu dem Verbande des Pfandbrief-Institutes gehörigen Grundbesitzer betheiligt sind;
b) von der Höhe der Summen, mit welchen die Theilnehmer der Genossenschaft nach dem letzten Rechnungs-Abschlusse an dem Reservefonds participiren. Die Vorschüsse werden einen bestimmten Bruchtheil dieser Summe (etwa $^3/_4$) niemals übersteigen dürfen.

III.

Die Norddeutsche Bundes-Hypotheken-Bank und die einzelnen Pfandbrief-Institute.

§ 16.

Allgemeine Grundsätze.

Die zu errichtende Norddeutsche Bundes-Hypotheken-Bank hat den Zweck, durch Verwandlung der Hypotheken in Papiere mit Börsen-Cours den Credit der Grundbesitzer zu erleichtern. Dieser Zweck wird in einem um so höheren Maße erreicht,

je höher der Verkaufswerth der Pfandbriefe

je geringer die Verpflichtung der Grundbesitzer ist.

Für den Werth der Pfandbriefe sind wie für alle Capitals-Anlagen (§ 2.) drei Gesichtspunkte maßgebend:

1. die Sicherheit,
2. die Realisirbarkeit,
3. der Nutzen.

Die Sicherheit ist, da eine absolute Sicherheit überhaupt nicht existirt, immer nur relativ. Sie bestimmt sich nach dem Vertrauen des Gläubigers, daß der Schuldner seine Verpflichtung erfüllen kann, resp. wird, und dies Vertrauen ist wiederum von dem Vermögen und der Creditwürdigkeit des Schuldners abhängig, also bei juristischen Personen

a) von den Fonds,
b) von der Verfassung und Verwaltung.

Die Fonds gewähren die Sicherheit, daß die entstehenden Verluste ausgeglichen werden können; die Verfassung und Verwaltung müssen die Garantie bieten, daß Verluste überhaupt nicht zu erwarten sind.

Die Realisirbarkeit ferner hängt ab von der größeren oder geringeren Leichtigkeit, die Forderung

a) von dem Schuldner einzuziehen (Einziehbarkeit),
b) auf Dritte zu übertragen (Uebertragbarkeit).

Die Einziehung der Forderung bewirkt eine Aufhebung des Credit-Verhältnisses, während die Uebertragung die Entziehung des Credites entbehrlich macht.

Der Nutzen endlich kann bestehen:

a) in Zinsen,

b) in Capital.

Beide Formen unterscheiden sich dadurch, daß bei der letzteren das Credit-Institut die von dem Schuldner gezahlten Zinsen sammelt und demnächst capitalisirt an den Gläubiger abführt.

Die einzelnen für den Werth der Pfandbriefe maßgebenden Bedingungen stehen zu einander in Wechselbeziehung. Je vollständiger die Sicherheit, je leichter die Realisirung ist, desto geringer kann der Nutzen sein. Je geringer dagegen die Sicherheit, je schwieriger die Realisirung ist, desto größerer Nutzen muß gewährt werden; je mehr Sicherheit die Verfassung und Verwaltung bieten, desto weiter kann man bei Beschränkung der Fonds gehen; je größere Uebertragbarkeit vorhanden ist, desto mehr kann auf die Einziehbarkeit verzichtet werden 2c.

Diese Wechsel-Beziehung der Werths-Bedingungen macht es möglich, einen gleich hohen Werth der Pfandbriefe auf den verschiedensten Wegen zu erreichen. Es erscheint deshalb geboten, bei den einzelnen Bedingungen zu prüfen, ob die Interessen der Gläubiger und Grundbesitzer übereinstimmen, oder ob und wie weit sie collidiren, um demnächst in ausgedehntestem Maße dem für die Credit-Erleichterung maßgebenden zweiten Gesichtspunkte „Beschränkung der Verpflichtung der Grundbesitzer auf einen möglichst geringen Umfang“ im vollsten Maße Rechnung tragen zu können.

A. Verfassung und Verwaltung.

§ 17.

Juristische Personen erhalten durch die ihnen gegebene Grundverfassung ihren Character. Deshalb muß die Verfassung von Credit-Instituten vor allem den Grundsätzen der solidesten Vermögens-Verwaltung entsprechen. Dies wird erreicht, wenn 1) die Leitung Personen übertragen wird, welche das Vertrauen rechtfertigen, daß sie die Angelegenheiten des Institutes umsichtig und gewissenhaft verwalten, 2) die leitenden Personen in ihren Operationen durch bestimmte und als solide anerkannte Grundsätze gebunden sind, 3) den Creditgebern die Garantie gewährt wird, daß die als leitend aufgestellten Grundsätze auch in der That befolgt werden.

§ 18.

Organisation.

Bei Organisation der Pfandbrief-Institute kommen in Betracht die Interessen

1. der Gläubiger,
2. der associirten Grundbesitzer,
   deren Sicherheit durch die Art der Verwaltung bedingt ist,
3. des Staates, welcher an der förderlichen Verwaltung von Instituten, die auf das Wohl und Wehe des gesammten Grundbesitzes vom höchsten Einflusse sind, wesentlich betheiligt erscheint.

Die bestehenden Credit-Verbände tragen diesen drei Gesichtspunkten in umfassender Weise Rechnung:

Da die Pfandbrief-Darlehne Credit-Bewilligungen auf lange Zeit sind, so muß den Gläubigern die Garantie gewährt werden, daß die Verwaltung die dauernden Interessen nicht den augenblicklichen Zeitströmungen oder Vortheilen opfert. Dem entsprechend pflegt die Wahl des Directorii, d. h. des Collegiums von Sachverständigen, dem die Verwaltung und der gesammte Geschäftsbetrieb obliegen, den Repräsentanten der politischen Provinzial-Verbände übertragen zu sein, von welchen erwartet werden darf, daß sie bei Ausübung jenes Wahlrechtes das dauernde Wohl ihrer Provinz resp. ihrer Kreise vorzugsweise berücksichtigen werden. Die Directoren selbst aber erhalten durch diese Art der Wahl eine von der Gunst und dem Einflusse der Interessenten unabhängige Stellung, ohne welche die Garantie einer „gewissenhaften" Amtsführung kaum möglich sein würde.

Zur Controlle des Directorii dient der Ausschuß meistbetheiligter Grundbesitzer, welchem das Mitbeschließungsrecht in den Verbands-Angelegenheiten, die Revision und Decharge der Rechnungen 2c. zusteht, während die Gesammt-Interessen des Verbandes von der General-Versammlung der associirten Grundbesitzer wahrzunehmen sind.

Das Interesse des Staates endlich wird durch die Ober-Aufsicht des Ministerii und die unmittelbare Aufsicht eines von dem Könige zu ernennenden Staats Commissarius gewahrt, welcher über die Beobachtung der zur Erhaltung und Förderung des Institutes getroffenen Bestimmungen zu wachen hat und deshalb befugt ist, allen Versammlungen beizuwohnen und die einzelnen Beschlüsse durch sein Veto bis zur Entscheidung des Ministerii zu suspendiren.

Diese Organisation wird im Allgemeinen für die Pfandbrief-Institute beibehalten werden können. Im Einzelnen werden durch die Vereinigung unter ein Central-Institut Aenderungen nothwendig werden, welche hier nicht zu erörtern sind, da sie wesentlich von dem jenem Institute zu gebenden Wirkungskreise abhängen.

Der Wirkungskreis des Central-Institutes wird auch für seine eigenen Einrichtungen maßgebend sein müssen. Deshalb erscheint es nicht wohl möglich, aber auch nicht von Interesse, bevor bestimmte Grundsätze für den Geschäftskreis und die Verantwortlichkeit der Central-Bank festgestellt sind, auf die Organisation derselben speciell einzugehen. Als leitender Gesichtspunkt aber wird gelten dürfen, daß in demselben Maße, in welchem ein Credit-Institut an Ausdehnung gewinnt, das Wohl der gesammten Grundbesitzer und des ganzen Volkes mehr in Frage kommt, also die Theilnahme des Staates an der Leitung ausgedehnt werden muß, während andrerseits in demselben Maße, als die Zahl der Betheiligten wächst, der Anspruch des Einzelnen auf eine leitende Mitwirkung mehr zurücktritt, und deshalb die unmittelbare Betheiligung der associirten Grundbesitzer eingeschränkt werden kann. Demgemäß wird in analoger Anwendung der für die Pfandbrief-Institute maßgebenden Grundsätze die Leitung des Institutes einer von dem Bundes-Präsidium zu ernennenden Direction, deren Mitglieder unmittelbare Staatsbeamte sind, zu übertragen sein. Die General-Versammlung kann aus Deputirten der Ausschüsse sämmtlicher associirten Pfandbrief-Institute gebildet werden; sie wird den Ausschuß zu wählen haben, dessen Mitglieder an dem Domicil des Central-Institutes wohnhaft sein müssen. Die bei den Provinzial-Instituten den Staats-Commissarien obliegenden Functionen könnten (da das Bundes-Präsidium die Directoren zu ernennen hat) einem von dem Reichstage auf je 3 Jahre zu wählenden Curatorium übertragen werden.

§ 19.

Verwaltungs-Grundsätze.

Die Pfandbrief-Institute vermitteln den Credit zum Zweck der Credit-Erleichterung. Deshalb ist bei Festsetzung der Grundsätze für die Verwaltung das Haupt-Augenmerk zu richten:

a) auf die Realisirung der Forderungen ohne Rückgriff auf die Fonds.

Die bestehenden Credit-Verbände tragen auch diesem Gesichtspunkte, so weit es nach dem gegenwärtigen Stande der Gesetzgebung überhaupt möglich ist, Rechnung. Es gehören hierher namentlich die Bestimmungen, daß die Pfandbriefe unkündbar sind und nur gegen solche Hypotheken ertheilt werden, denen andre Eintragungen nicht vorgehen, daß Zinsen und Amortisationsbeiträge praenumerando gezahlt werden müssen, und Compensationen den Kassen der Institute gegenüber ausgeschlossen sind, daß bei nicht pünktlicher Zinszahlung schleunige und ausgedehnte Executions-Maßregeln stattfinden, zugleich aber andere Nachtheile, namentlich Kündigung, Verlust des Guthabens an den Reserve- und Amortisationsfonds angedroht sind ꝛc.

Bei der aller Vorsicht ungeachtet niemals auszuschließenden Möglichkeit von Verlusten erscheint nicht minder wichtig die fernere Rücksichtnahme,

b) auf Beschaffung und Erhaltung der Fonds,

c) auf leichte Realisirung der Fonds,

d) auf schleunigen Ersatz der bei den Fonds entstehenden Ausfälle.

Ob und wie weit diesen Momenten bei einzelnen Fonds in einem höheren als dem bisher erreichten Maße Geltung gegeben werden kann, wird unten bei den bezüglichen Fonds zu erörtern sein. Nur ein Gesichtspunkt ist schon hier hervorzuheben, da er sich auf alle Fonds bezieht, bei denen sich Baar-Bestände bilden. Fast sämmtliche Statuten enthalten die Bestimmung, daß die disponibelen Baar-Bestände in Pfandbriefen angelegt werden müssen. Dieser Zwang steht mit dem Grundsatze, daß eine Vermögens-Verwaltung desto besser ist, je höhere Erträge — unbeschadet der Sicherheit — erstrebt und erzielt werden, in Widerspruch. Denn das ganze Streben der Pfandbrief-Institute st auf einen hohen Cours, also auf eine verhältnißmäßig niedrige

Rente der Pfandbriefe gerichtet. Bei einer Anlegung der Baar-Bestände in Pfandbriefen kann daher nicht nach einer hohen Rente getrachtet werden. Aber auch hiervon abgesehen erscheint die Beschränkung nicht förderlich. Sie hebt hinsichtlich der Verwaltung der Baarfonds jede eigene Thätigkeit der Institute auf, da je nach dem Vorhandensein größerer oder geringerer Bestände nur Pfandbriefe anzukaufen oder zu verkaufen sind. Die Verbände erhalten durch diese Unthätigkeit gegenüber den Banken, welche mit ihren Baarfonds arbeiten und werben, genau die Stellung, welche im Privatleben die Rentiers gegenüber thätigen Kaufleuten einnehmen. Sie haben ein bequemeres Dasein, aber weit geringere Erträgnisse. Den Principien der Sicherheit, welche für alle Operationen das höchste Gesetz bilden müssen, wird vollständig Rechnung getragen, wenn die Verwaltung der Fonds, „nach den für die Königliche Haupt-Bank geltenden Grundsätzen" erfolgt. Daß aber dadurch die den Grundbesitzern zu gute kommenden Erträgnisse erhöht und die Baarfonds — also auch die Sicherheit der Gläubiger — rascher wachsen würden, ergeben die hohen Dividenden, welche bei einer bankmäßigen Verwaltung erzielt zu werden pflegen. Die von der Commission des Berliner Magistrates zur Berathung eines Statutes für das Berliner Pfandbrief-Institut hervorgehobene vortheilhafte Wirkung auf den Cours der Pfandbriefe*) kann nur in beschränktem Maße eintreten, da die in regelmäßigen Zwischenräumen wiederkehrenden Ankäufe bestimmter Posten, welche gegenüber der überhaupt coursirenden Zahl von Pfandbriefen doch immer nur sehr unbedeutend sind, zur Regelung eines günstigen Verhältnisses zwischen Angebot und Nachfrage wenig beitragen können. Ein weit vortheilhafterer Einfluß auf den Cours würde erzielt werden, wenn der Direction die Möglichkeit gewährt wird, da, wo augenblicklich Stockungen eintreten, durch Ankäufe aus den Fonds des Institutes die Nachfrage zu heben, und da, wo die Nachfrage momentan unverhältnißmäßig stark ist, durch ein aus den Fonds des Institutes verstärktes Angebot einen späteren Rückschlag der Course zu verhüten. Dies ist aber nur möglich, wenn jener Zwang zur Anlegung in Pfandbriefen wegfällt, und der leitenden Behörde eine freiere Disposition eingeräumt wird.

---

*) Motive zu dem Entwurfe des Statutes. S. 43.

§ 20.

Garantien für die Beachtung der Verwaltungsgrundsätze.

Die Garantie, daß die als leitend hingestellten Grundsätze in Wirklichkeit maßgebend sind, wird dem Publicum vor allem durch die Controlle der Betheiligten (des Ausschusses und der General-Versammlung) und durch die Aufsicht des Staates gewährt. Letztere wird namentlich in der, leider nicht bei allen Verbänden eingeführten Contra-Signanatur der Pfandbriefe und der Bestätigung der jährlichen Ausweise durch den Staats-Commissarius formell zum Ausdruck gebracht. —

Eine Erhöhung jener Garantie würde bei strengerer Durchführung des Principes der Offentlichkeit sich erreichen lassen. Die Wichtigkeit dieses Principes gerade für Credit-Institute erhellt aus dem alten Erfahrungs-Satze, daß alles, was sich in Dunkel hüllt, Mißtrauen erweckt: Die Gesammtsummen der Taxwerthe aller betheiligten Grundstücke und der gewährten Darlehne, die Höhe der Fonds und Baar-Bestände, die Ausfälle und Ausgaben müssen, ähnlich wie dies für die Königliche Haupt-Bank vorgeschrieben ist,*) von dem Central-Institute auf Grund amtlich bestätigter Ausweise in kurzen Zwischenräumen öffentlich bekannt gemacht werden. Dadurch wird das gesammte Publicum über den Stand der Vermögenslage fortdauernd in Kenntniß gehalten und allen übertreibenden Gerüchten vorgebeugt.

B. Die Fonds.

§ 21.

Das Vermögen der Bundes-Hypotheken-Bank und der einzelnen Pfandbrief-Institute stellt sich dar:

a) in dem Hypothekenfonds,

b) in dem Reservefonds,

c) in dem Amortisationsfonds.

Der Hypothekenfonds besteht aus den Hypothekenforderungen, auf Grund deren die Pfandbriefe emittirt sind. Der Reserve- und der Amortisationsfonds werden durch baare Einlagen der associirten Grundbesitzer gebildet. — Während der Hypothekenfonds den Pfandbrief-Inhabern die

*) § 99. Der Bank-Ordnung vom 5. October 1846 (Ges.-Samml. S. 435.)

Sicherheit gewährt, daß dauernd eine ausreichende Deckung ihrer Forderungen in dem Tresor des Institutes vorhanden ist, dienen der Reserve- und der Amortisationsfonds zur Sicherheit für die rechtzeitige Erfüllung der übernommenen Verbindlichkeiten und zur Verhütung eines Rückgriffes auf den Hypothekenfonds.

Der bei allen Instituten ferner geführte Verwaltungsfonds ist zur Deckung der Verwaltungs-Ausgaben bestimmt und bewirkt deshalb keine Erhöhung des Vermögens. Etwaige, bei demselben erzielte Ueberschüsse fließen zum Reservefonds.

§ 22.

Der Hypothekenfonds.

Die Pfandbriefe sind Hypothekenforderungen, für welche ein Verband von Grundbesitzern die Garantie übernommen hat. Ihre Sicherheit hängt deshalb ab

I. von der Güte der einzelnen Hypothekenforderungen,

II. von dem Umfange des Verbandes.

Zu I. Die Hypothekenforderungen bieten dem Gläubiger nur dann Sicherheit, wenn die Beleihung der Grundstücke auf den als sicher allgemein anerkannten Bruchtheil ihres Werthes beschränkt wird. Hiernach ist die zuverlässige Ermittelung des Werthes der Grundstücke Voraussetzung jeder Bepfandbriefung.

Die alten landschaftlichen Taxen tragen diesem Grundsatze nicht mehr Rechnung, da ihre Principien den jetzigen Wirthschafts- und Werths-Verhältnissen nicht entsprechen, und deshalb bei den verschiedenen Gütern nicht gerechtfertigte Ungleichheiten in den Resultaten der Abschätzungen vorkommen. In der Regel fallen sie zu niedrig aus, so daß oft Güter nicht höher geschätzt werden als vor 70—80 Jahren, obgleich die Kaufpreise und Erträge auf das 3—4fache gestiegen sind.

Von den gerichtlichen Taxen sagt ein Sprichwort „Taxen sind Faxen.“ Das hierin ausgesprochene Urtheil der Unzuverlässigkeit ist weit verbreitet und darf deshalb bei Begründung eines Institutes, dessen Lebensfähigkeit von dem Vertrauen des Publicums abhängt, nicht unberücksichtigt bleiben.

Eine jedenfalls größere Garantie bieten die Einschätzungen zur Grund- und Gebäudesteuer. Denn da bei ihnen die Taxatoren zum

Theil aus fiscalischen Beamten, zum Theil aus Vertretern der Grundbesitzer bestehen, also entgegengesetzte Interessen wahrzunehmen haben, so darf angenommen werden, daß erhebliche Unrichtigkeiten weder nach der einen, noch nach der andern Seite vorkommen. Sie gewähren überdies die Vortheile, daß sie

1. dem Publicum selbst in weitesten Kreisen verständlich,
2. ohne Kosten und Weiterungen zu erlangen sind,
3. auf möglichst gleichmäßigen Ermittelungen beruhen.

Sie empfehlen sich hiernach als Grundlagen für die Bepfandbriefung am meisten und sind auch von den neueren Grund-Credit-Instituten bereits mehrfach zur Anwendung gebracht. —

In Beziehung auf die äußerste Grenze der Beleihung mit Pfandbriefen weichen die einzelnen Statuten von einander ab. So bestimmt das nur auf ländlichen Grundbesitz bezügliche Statut des landschaftlichen Credit-Verbandes der Provinz Sachsen vom 30. Mai 1864*):

„Für Capital, Zinsen ꝛc. muß innerhalb der 1. Werthshälfte des zu beleihenden Objectes Hypothek bestellt werden. (§ 22. Nr. 4.) — Der Werth eines zu beleihenden Grundstückes darf nicht über den 30fachen Betrag des wirklich ermittelten Rein-Ertrages angenommen werden. (§ 24.)"

Das Statut des Credit-Institutes für die Königlich Preußische Ober- und Nieder-Lausitz vom 30. October 1865**) setzt fest:

„Pfandbriefe werden bewilligt bei allen ländlichen Grundstücken bis zu 6/10, bei städtischen bis zu 1/3 des ermittelten Werthes. Der Werth der zu beleihenden ländlichen Grundstücke wird bestimmt durch den 25fachen Betrag des ermittelten Reinertrages. (§ 10. al. 1.) Bei städtischen Grundstücken wird der Betrag, zu welchem die Grundstücke gegen Feuersgefahr versichert sind, als Beleihungswerth angesehen. (§ 10. al. 3.)"

Dagegen bestimmen die Statuten der 1. Preußischen Hypotheken-Actien-Gesellschaft vom 2. Mai 1864,***) der Preußischen Hypotheken-

---

*) Ges.-Samml. S. 353.
**) Ges.-Samml. S. 1056.
***) Ges.-Samml. S. 241. ff.

Actien-Bank vom 18. Mai 1864*) und der Pommerschen Hypotheken-Actien-Bank vom 1. October 1866**) gleichlautend:

„Hypotheken-Darlehne dürfen nur in solcher Höhe gegeben werden, daß der Jahresbetrag der von dem Hypothekenschuldner zu zahlenden Zinsen bei Liegenschaften $^2/_3$ des jährlichen Reinertrages, bei Gebäuden $^1/_3$ des jährlichen Nutzungswerthes, zu welchem die als Unterpfand haftenden Liegenschaften und Gebäude behufs Veranlagung zur Grund-, resp. Gebäudesteuer abgeschätzt worden sind, nicht übersteigt."

Bei Vergleichung dieser Bestimmungen fällt zunächst die Verschiedenheit des Werths-Maßstabes in den Statuten der Credit-Verbände und der Actien-Gesellschaften auf. Die letzteren stellen die Sicherheit der Zinszahlung, die ersteren die Sicherheit der Capitalszahlung, in den Vordergrund. Während nach dem Principe der Hypotheken-Banken bei sehr niedrigem Zinsfuße der Hypothekenbriefe die Gefahr eines Capitals-Ausfalls näher tritt, erwächst nach dem Principe der Credit-Verbände bei sehr hohem Zinsfuße die Möglichkeit einer Gefahr, daß die etwaigen Zins-Rückstände in dem Werthe des Grundstückes nicht mehr volle Deckung finden. Den Anforderungen an Sicherheit wird nach dem Principe der Credit-Verbände mehr Rechnung getragen. Sollen sie vollständig gewahrt werden, so müssen namentlich nach Wegfall der gesetzlichen Zinsbeschränkungen beide Gesichtspunkte zugleich maßgebend sein.

Ferner ist die Art der Werths-Ermittelung verschieden. Die Actien-Gesellschaften stellen bei Gebäuden die Beleihungsgrenze lediglich nach dem Nutzungswerthe (den Gebäude-Steuer-Taxen) fest, während die Credit-Verbände mit mehr oder weniger erheblichen Modificationen***) den Materialienwerth (die Feuerversicherungs-Summe) als maßgebend annehmen. Auch hier liegt eine Vereinigung der Principien im Interesse sowohl der Creditgeber als der Creditnehmer. —

Hinsichtlich der Liegenschaften ist die Sicherheit des in den Statuten der Verbände übereinstimmend festgestellten Principes:

---

*) Ges.-Samml. S. 285. ff.

**) Ges.-Samml. S. 703. ff.

***) so auch das Statut des Berl. Pfandbrief-Instituts § 17. und namentlich § 23. womit zu vergl. die Mot. S. 38. ff.

„daß der Werth zum Zwecke der Beleihung auf mindestens den 25fachen Betrag des behufs Veranlagung zur Grundsteuer ermittelten jährlichen Reinertrages angenommen werden kann,“

bisher von keiner Seite angezweifelt worden. Wendet man hierauf den bei Verwaltung der gerichtlichen General-Depositorien geltenden Grundsatz an, daß Liegenschaften bis zur Hälfte ihres Werthes volle Sicherheit gewähren, und erwägt man ferner, daß die Sicherheit der für Pfandbrief-Darlehne zu entrichtenden Jahres-Leistungen nach demselben Procentsatze von dem Minimal-Jahres-Ertrage zu bestimmen ist, nach welchem von dem Minimal-Capitals-Werthe des Grundstückes die Sicherheit des dargeliehenen Capitals beurtheilt wird, so ergiebt sich die größte überhaupt erreichbare Sicherheit bei einer Beleihung bis zu der Höhe, daß

1. der Jahresbetrag der mit Bezug auf die Beleihung zu leistenden Abgaben die Hälfte,
2. der Capitalsbetrag das $12^1/_2$fache des jährlichen Reinertrages nicht übersteigt.

Die bestehenden Verbände gehen über beide Sätze hinaus, da die jährlichen Zinsen, Amortisations- und Verwaltungsbeiträge gewöhnlich $^6/_8$—$^7/_8$ des Reinertrages absorbiren, und die Capitals-Beleihung bis zum 15fachen Betrage des jährlichen Reinertrages erfolgt.

Durch diese Ueberschreitung der Grenzen möglichster Sicherheit, kommen die Verbände den Wünschen der Grundbesitzer entgegen:

Zwar würde derselbe Maßstab, welcher den Gläubigern die größte Sicherheit gewährt, auch die den Schuldnern aus der Solidarhaft erwachsende Gefahr auf das geringste Maß reduciren. Allein das Verlangen der Credit bedürftigen Grundbesitzer ist nicht sowohl auf die größte Beschränkung dieser Gefahr, als auf Erlangung eines möglichst umfassenden Credites gerichtet, ja dieses Verlangen ist bei Vielen so dringend, daß sie die drohende Gefahr der Solidarhaft unterschätzen und eine Beleihung verlangen, welche die äußersten Grenzen der Sicherheit überschreitet. Es entsteht deshalb die Frage, ob und in wie weit ein Hinausgehen über das oben festgestellte Maß gestattet werden kann:

Neben der für die Ausleihung aus General-Depositorien gezogenen Grenze der überhaupt möglichen Sicherheit, stellt unsre Gesetzgebung für die Ausleihung aus Special-Massen der Depositorien eine zweite

Grenze der vollständig ausreichenden (pupillarischen) Sicherheit fest, welche bei ländlichen Grundstücken bis zu $^2/_3$ des Werthes reicht. Die Erfahrung lehrt, daß auch bei Beleihungen bis zu dieser Höhe, sofern nur eine einigermaßen zuverlässige Werths-Ermittelung stattgefunden hat, nennenswerthe Ausfälle äußerst selten sind. Jedenfalls aber scheint kein Grund vorzuliegen, aus welchem der Staat selbstständigen Grundbesitzern die Uebernahme einer wechselseitigen Bürgschaft für solche Hypotheken versagen könnte, in denen er selbst das Vermögen der unter seinen speciellen Schutz gestellten Pupillen anlegt.

Hiernach dürfte die weitere Beleihung bei Liegenschaften bis zu der Höhe, daß

1. der Jahresbetrag der Zinsen und sonstigen Abgaben $^2/_3$ des jährlichen Reinertrages,
2. der Capitalsbetrag das $16^2/_3$fache des jährlichen Reinertrages nicht übersteigt,

unbedenklich gestattet werden können.

Schwieriger ist die Bestimmung der Beleihungsgrenze für Gebäude: Während bei Landgütern durch die Qualität des Bodens ein bestimmter Ertrag, welchen die Grundsteuer-Taxen zum Ausdrucke bringen, garantirt wird, ist für den Werth der Gebäude neben dem durch die Gebäudesteuer-Taxen nach einem mehrjährigen Durchschnitte festgestellten Nutzungswerthe die bauliche Beschaffenheit, d. h. der Materialienwerth, wesentlich mitbestimmend. Deshalb muß bei Ermittelung der Beleihungsgrenze für städtische Grundstücke neben dem Multiplicator der Gebäudesteuer-Taxe als zweiter wesentlicher Factor der Materialien- d. h. der Feuerversicherungs-Werth in Betracht gezogen werden. Dagegen ist „der Werth der Baustelle," welcher gewöhnlich als dritter Factor berücksichtigt wird, ganz außer Ansatz zu lassen; denn dieselben äußeren Umstände, welche für den Werth der Baustelle maßgebend sind, regeln auch den Nutzungswerth des Gebäudes und werden deshalb schon in dem capitalisirten Nutzungswerthe mit in Anschlag gebracht. Die Baustelle als solche aber hat keinen zu berücksichtigenden Werth, da jede selbstständige Verwerthung und Benutzung derselben durch das auf ihr befindliche Gebäude unmöglich ist.*)

---

*) Zutreffend heißt es in den Motiven zu dem Statute des Berliner Pfandbrief-Institutes S. 38: „Während bei der Abschätzung des Werthes landwirthschaftlich benutzter

Nach den bei Feststellung der pupillarischen Sicherheit maßgebendeu Grundsätzen wird für Gebäude eine nur um ein Sechstel ihres Werthes geringere Beleihungs-Fähigkeit als für Liegenschaften angenommen. Dagegen tritt nach dem von den Hypotheken-Actien-Gesellschaften befolgten Grundsatze,

„daß Liegenschaften bis zu $^2/_3$ des jährlichen Ertragswerthes dieselbe Sicherheit, wie Gebäude bis zu $^1/_3$ des jährlichen Nutzungswerthes gewähren“

die Beleihungsfähigkeit der Gebäude hinter die der Liegenschaften um ein volles Drittel zurück. Die Nothwendigkeit dieser Beschränkung erhellt aus dem oben gesagten: Weil von den beiden für den Werth maßgebenden Factoren nur der eine berücksichtigt ist, so mußte die durch diesen allein bestimmte Beleihungsgrenze enger gezogen werden, als bei Berücksichtigung beider Factoren nöthig gewesen wäre, damit nicht etwa aus einem unverhältnißmäßigen Minderwerthe des zweiten Factors eine erhebliche Schmälerung der beabsichtigten Sicherheit erwachse. Die Beschränkung wird deshalb wegfallen können, wenn neben den Gebäudesteuer-Taxen zugleich der Feuerversicherungswerth in Betracht gezogen wird.

Hiernach erscheint bei städtischen Grundstücken eine Beleihung bis zu der Höhe zulässig, daß

1. der Jahresbetrag der Zinsen und sonstigen Abgaben die Hälfte des jährlichen Nutzungswerthes,
2. der Capitalsbetrag die aus dem $8^1/_3 + 4^1/_6$ d. h. dem $12^1/_2$=fachen Betrage der Gebäudesteuer-Taxe und der Hälfte des Feuerversicherungs-Werthes zu gewinnende Durchschnittssumme nicht übersteigt.

Grundstücke als der erste und wichtigste Factor die natürliche Beschaffenheit des Grund und Bodens erscheint und die nach Maßgabe der verschiedenen Bodengattungen, unter Voraussetzung des erforderlichen lebenden und todten Inventars, zu gewinnende Grundrente die Taxe bestimmt, erscheint bei der Werthschätzung von Wohngebäuden die natürliche Beschaffenheit des Bodens, auf welchem sie errichtet sind, als völlig gleichgültig, und während in der Bodenrente des Landgutes die bleibenden Elemente seines Werthes zu finden sind, ist umgekehrt bei städtischen Grundstücken der Werth des Fundus den größten Schwankungen ausgesetzt, welche nicht bedingt werden durch seine Beschaffenheit, nicht einmal durch die Thätigkeit seines Besitzers, sondern durch seine örtliche Lage und deren nach den Zeitverhältnissen, nach den öffentlichen Einrichtungen, nach der Neigung und Mode des Publicums wechselnde Beliebtheit.“

Da der Satz, daß Liegenschaften nur bis zu $^2/_3$, Gebäude bis zur Hälfte ihres Werthes ausreichende Sicherheit gewähren, füglich sich nicht bezweifeln läßt, so würde eine noch ausgedehntere Beleihung nur

a) durch Berücksichtigung der bei den Grund- und Gebäudesteuer Taxen unberücksichtigt bleibenden Nebenwerthe oder
b) durch Erhöhung des zur Feststellung des Beleihungswerthes angenommenen Multiplicators

zu ermöglichen sein.

Zu a. Die Grundsteuer-Taxen lassen grundsätzlich alle Nebenwerthe unberücksichtigt und weisen nur den mittleren Reinertrag nach, welcher ohne Rücksicht auf vorhandene Meliorationen, gute Lage oder anderweitige günstige Umstände nachhaltig erzielt werden kann.

Daß bei Liegenschaften die Jahreserträge hinter einer derartigen Taxe häufig oder zu einem beträchtlichen Procentsatze zurückbleiben werden, läßt sich nicht annehmen. Die Gebäudesteuer-Taxen berücksichtigen gleichfalls nur den seit einer Reihe von Jahren erzielten Ertrag, welcher präsumtiv auch in der Zukunft zu erreichen ist. Jedoch tritt bei Gebäuden die Gefahr der Ausfälle näher, da die Miethspreise und deren pünktliche Zahlung weit mehr von Zufälligkeiten abhängig sind, als der Ertrag des Grund und Bodens. Ein Ausfall von mehr als $^1/_3$ des festgesetzten Durchschnitts-Ertrages wird indeß auch hier immer zu den seltenen Ausnahmen gehören. Ebenso können etwaige durch Devastationen entstehende Verringerungen des Ertragswerthes immer nur einen Ausfall von wenigen Zinsterminen zur Folge haben, da bei nicht pünktlicher Zinszahlung sofortige Kündigung eintritt. Zur Deckung aller dieser Verluste wird in der Regel das eigene Guthaben der einzelnen Grundstücke an dem Reserve- und dem Amortisationsfonds ausreichen, jedenfalls aber — sofern nur dem Reservefonds eine einigermaßen zulängliche Höhe gegeben wird (§ 23.) — niemals ein Rückgriff auf den Hypothekenfonds nöthig erscheinen. Deshalb kann der Maßstab zu 1. ohne Gefahr dahin erweitert werden,

> „daß der Jahresbetrag der Zinsen und sonstigen Abgaben bei Liegenschaften den jährlichen Reinertrag, bei Gebäuden $^2/_3$ des jährlichen Nutzungswerthes nicht übersteigt."

Anders verhält es sich hinsichtlich des Maßstabes zu 2; denn da der zu beleihende Werth durch den $16^2/_3$fachen Reinertrag resp. $12^1/_2$fachen

Nutzungswerth dargestellt wird, so erwächst aus jeder dauernden Ertrags-Verminderung eine $16^{2}/_{3}$- resp. $12^{1}/_{2}$fache Schmälerung der Sicherheit des Capitals. Jede Rücksichtnahme auf einen Neben- d. h. auf einen solchen Werth, welcher nicht in der den Dispositionen des zeitigen Besitzers entzogenen Beschaffenheit des Grundstückes begründet ist, hat also für den Verband die Gefahr einer Verringerung der Sicherheit um den $16^{2}/_{3}$- resp. $12^{1}/_{2}$fachen Betrag jenes Werthes zur Folge. Dieser hohe Multiplicator rückt die Möglichkeit von Capitals-Ausfällen, für welche in dem Reservefonds Deckung nicht vorhanden ist, also die Gefahr der Vermögens-Unzulänglichkeit, in unmittelbare Nähe. Die geringste Unterbilance aber würde wegen der sowohl den Pfandinhabern als den Grundbesitzern drohenden Verluste den Sturz des Institutes zur unvermeidlichen Folge haben. — Mit einer derartigen Gefahr steht die Hülfe, welche durch eine weitere Beleihung von wenigen Procenten gewährt wird, in keinem Verhältnisse. Deshalb empfiehlt es sich, streng daran festzuhalten, daß der in Form der Bepfandbriefung gewährte dauernde Credit nur in der von äußeren Umständen unabhängigen dauernden Beschaffenheit des Grundstückes, wie solche bei den Grund- und Gebäudesteuer-Taxen berücksichtigt wird, eine entsprechende Sicherheit findet.

Zu b. Auch die Erhöhung des Multiplicators erscheint wenigstens zur Zeit nicht zulässig:

Die Statuten der bestehenden Credit-Verbände und Actien-Gesellschaften ergeben, daß gegen höhere, als die oben angenommene Multiplicatoren bisher Bedenken obgewaltet haben. Maßgebende Erfahrungen, welche die Grundlosigkeit dieser Bedenken ergeben, können in der kurzen Zeit des Bestehens der Grund- und Gebäudesteuer noch nicht gemacht sein. Bei Einführung der neuen Institute, welche den größeren Theil der in ganz Nord-Deutschland existirenden Hypotheken in Börsenpapiere verwandeln sollen, ist aber vor allem darauf Bedacht zu nehmen, daß ihre Solidität von keiner Seite angezweifelt werden kann. Denn nur dadurch wird den zu emittirenden Pfandbriefen dasjenige Vertrauen gesichert, welches allein sie befähigt, trotz ihrer großen Zahl mit den übrigen Börsen-Effekten in eine erfolgreiche Concurrenz zu treten. Hiernach erscheint es dringend geboten, beim Mangel bestimmter Erfahrungen vorläufig an dem Betrage festzuhalten, welcher bisher übereinstimmend als Minimal-Werth angenommen worden ist. Dies erscheint namentlich dann nothwendig, wenn dem obigen Vorschlage gemäß durch Anwendung der über den höchsten Bruchtheil des Werthes, bis zu welchem die hypothekarische Beleihung unbeschadet der Sicherheit erstreckt werden kann, bei Verwaltung gerichtlicher Depositorien gemachten Erfahrungen eine Erweiterung der von den bestehenden Verbänden bisher inne gehaltenen Beleihungsgrenze sowohl bei ländlichen als bei städtischen Grundstücken bereits zugelassen wird. Hat dereinst das Institut selbst ausreichende Erfahrungen über die Zulässigkeit eines höheren Multiplicators gemacht, so wird die weitere Beleihung in Gestalt einer neuen Serie unbedenklich zugelassen werden können, zumal das bis dahin befestigte Vertrauen zu der Solidität des Institutes dem Publicum die beste Garantie für die Richtigkeit der neu einzuführenden Principien sein wird.

Mit Rücksicht auf die verschiedene Ausdehnung der Beleihung bei Liegenschaften und Gebäuden ist die Feststellung nothwendig, zu welcher von beiden Arten gemischte Grundstücke gehören. In dieser Beziehung trifft das Statut des Credit-Institutes für die Ober- und Nieder-Lausitz die einfache und sachgemäße Bestimmung, daß ländliche mit Gebäuden versehene Grundstücke, die wegen ihres geringen Umfanges der Grundsteuer nicht unterliegen, den städtischen Grundstücken (Gebäuden), städtische Grundstücke dagegen, bei denen der Werth der zugehörigen Liegenschaften größer ist, als der der Gebäude, den ländlichen Liegenschaften gleichzuachten sind.“ (§ 9.)

Sowohl auf dem flachen Lande als in den Städten giebt es ferner Grundstücke, welche überhaupt nicht oder nur in beschränktem Maße hypothekarische Sicherheit gewähren und deshalb gar nicht oder nur innerhalb einer engeren Grenze zur Bepfandbriefung zugelassen werden dürfen. — Von den ländlichen Grundstücken werden nach fast allen Statuten hierher gerechnet ganz unbedeutende bäuerliche Stellen: so schließen z. B. der Neue Credit-Verein für die Provinz Posen*) alle Güter im Werthe unter 5000 Thlr., die Neue Westpreußische Land-

*) Statut vom 13. Mai 1857 (Gesetz-Sammlung S. 326) § 1., Nr. 2.

schaft*) alle Güter im Werthe unter 1500 Thlr., der landschaftliche Credit-Verband der Provinz Sachsen**) alle Grundstücke, welche nicht mindestens einen Reinertrag von 50 Thlr. gewähren, von dem Beitritte zu dem Verbande aus. Diese Beschränkung wird auch für die neuen Institute aufrecht zu erhalten sein, da die Erträge ganz kleiner Grundstücke nicht sowohl von dem Grundwerthe, auf welchen der Realcredit sich gründet, als von der Betriebsamkeit der Besitzer abhängen, außerdem aber namentlich in Gegenden, wo die Zersplitterung des Grundbesitzes eine weite Ausdehnung erreicht, die Gefahr einer rasch zunehmenden Entwerthung des Grundbesitzes wegen unzureichender Viehzucht nahe liegt.

Von den städtischen Grundstücken sind vor allen die Neubauten hierher zu rechnen, da sie einen regelmäßigen Miethsertrag nicht zu gewähren pflegen.***) In einzelnen Statuten, so z. B. in dem Statute des Credit-Institutes für die Ober- und Nieder-Lausitz werden ferner die als Fabriken zu erachtenden Gebäude (§ 9.) ausgeschlossen. In dieser vollständigen Ausschließung liegt jedoch eine nicht gebotene Härte, welche in industriellen Gegenden die Zwecke des Institutes vereiteln würde. Hier ist der in anderen Statuten, z. B. im § 26. des Statutes der Westpreußischen Landschaft vom 25. Juni 1851 und im § 24. des Statutes für das Berliner Pfandbrief-Institut getroffenen Bestimmung der Vorzug zu geben, nach welcher der Direction, vorbehaltlich des Recurses an die höhere Instanz, die Befugniß zusteht, Anträge auf Beleihungen zurückzuweisen, wenn sie dafür hält, daß nach der besonderen Natur oder Bestimmung des Grundstückes für die Beleihung eine genügende und dauernde Sicherheit nicht vorhanden sein würde. Eine derartige discretionaire Gewalt der leitenden Behörden ist bei städtischen Grundstücken geradezu unentbehrlich, da namentlich in allen größeren Städten abgelegene, auch wohl übel berüchtigte Gegenden existiren, in welchen die Beleihung der Grundstücke bis zur äußersten Grenze nicht zulässig erscheint.

Zu II. Die Sicherheit des Gläubigers ist um so größer, je mehr Schuldner solidarisch haften, und mit je bedeutenderem Vermögen Bürgschaft geleistet ist. Deshalb wird den Pfandbrief-Inhabern die größte

---

*) Statut vom 3. Mai 1861 (Gesetz-Sammlung S. 206) § 3., lit. c.

**) Statut vom 30. Mai 1864 (a. a. O.) § 2.

***) §§ 20. u. 21. des Statuts für das Berliner Pfandbrief-Institut.

Sicherheit dadurch gewährt, daß nicht bloß ein einzelnes Pfandbrief-Institut, sondern die durch Association sämmtlicher Pfandbrief-Institute gebildete Bundes-Hypotheken-Bank für die umlaufenden Pfandbriefe, und zwar ohne Rücksicht auf die Zeit ihrer Emission und den Umfang der bereits erfolgten Amortisation als Hauptschuldnerin haftet, mittelbar also mit den Hypothekenfonds sämmtlicher Verbände Bürgschaft bestellt wird.

Für den Bürgen tritt die Gefahr des Rückgriffes um so weiter zurück, je mehr Vermögen der Hauptschuldner hat. Deshalb erwächst den Grundbesitzern aus der Association der Pfandbrief-Institute eine um so geringere Verpflichtung, je größer die einzelnen Institute sind. Auf der andern Seite aber erhöht sich mit der Ausdehnung der Institute die den Grundbesitzern innerhalb der Verbände bei eintretendem Rückgriffe auf den Hypothekenfonds aus der Solidarhaft entstehende Gefahr; denn jener Rückgriff kann selbstredend nicht durch Uebereignung entsprechender Theile der einzelnen Forderungen, sondern nur in der strengsten Form der Solidarhaft gewährt werden, indem dem Regreßnehmer die Befugniß eingeräumt wird, in Höhe seiner Forderung von den Hypotheken-Activis sich diejenigen mit den Rechten eines Cessionars übereignen zu lassen, welche er auswählt. — Hiernach werden die Geschäftskreise der einzelnen Pfandbrief-Institute derartig abzugrenzen sein, daß einerseits die den Verbänden aus den wechselseitigen Bürgschaften entstehende Gefahr durch den Umfang der zunächst haftenden Hypothekenfonds und die den einzelnen Grundbesitzern bei Rückgriffen auf den Hypothekenfonds drohenden Verluste durch umfassende Reservefonds möglichst beschränkt werden, andrerseits aber den einzelnen Genossen die Uebersicht über diejenigen Verhältnisse verbleibt, von denen die aus der Solidarhaft ihnen erwachsende Gefahr abhängt. Beiden Gesichtspunkten dürfte am meisten entsprochen werden, wenn für jede Provinz ein Pfandbrief-Institut gegründet wird. Grade diese Abgrenzung empfiehlt sich um so mehr, als die Provinzen auch bei den Veranlagungen zur Grundsteuer als Einheiten betrachtet worden sind, und deshalb innerhalb ihrer Grenzen präsumtiv die Grundsteuer-Taxen vorzugsweise gleichartig sein werden. Da aber nicht die räumliche Ausdehnung, sondern der Umfang der Betheiligung die Sicherheit der associirten Grundbesitzer begründet, so wird gleichzeitig für die einzelnen Institute eine Minimal-Summe (vielleicht 200,000 Thlr.) festzusetzen sein, welche durch eingegangene Meldungen um Pfandbriefe erreicht sein muß, bevor sie ins Leben treten.

III. In denjenigen Landestheilen des Norddeutschen Bundes, welche mit einer höheren oder niedrigeren Grundsteuer als die Preußischen Provinzen belastet sind, läßt sich durch Herabsetzung oder Erhöhung des Multiplicators eine Ausgleichung bewirken. Wo aber überhaupt keine Grundsteuer existirt, müssen die einzelnen Grundstücke, für welche eine Bepfandbriefung gefordert wird, durch Sachverständige des Provinzial-Institutes (die soweit als möglich aus der Zahl der associirten Grundbesitzer zu wählen sind) auf Kosten der Antragsteller abgeschätzt werden. Die Tax-Principien und die Beleihungsgrenzen werden von der für die Bundes-Hypotheken-Bank zu bildenden General-Versammlung (cf. § 18 a. E.) zu genehmigen und demnächst vom Bundespräsidium zu bestätigen sein, da sämmtliche associirten Verbände wegen ihrer subsidiären Haftungspflicht wesentlich dabei interessirt sind, daß jene Grundsätze auf sicheren Unterlagen beruhen.

IV. Die Verwaltung des Hypothekenfonds entspricht bei den bestehenden Verbänden den Grundsätzen der strengsten Sicherheit: Die Pfandbriefe werden erst nach Eingang der Hypotheken-Documente und nach erfolgter Versicherung gegen Feuersgefahr ertheilt; die Aufrechterhaltüng der Versicherung und die Fortdauer des Werthes werden überwacht; die Vorstände sind befugt, von dem Zustande der Grundstücke jeder Zeit Kenntniß zu nehmen; bei Werths-Veränderungen werden entsprechende Beträge gekündigt 2c. Nur in Einem Punkte dürfte eine Aenderung sich empfehlen: Die persönliche Verbindlichkeit dient den Pfandbrief-Instituten nur als Mittel, um die Mobiliar-Execution zu ermöglichen, da diese bei kleineren Rückständen mit weniger Kosten und Weitläufigkeiten durchzuführen ist. Daß auf die persönliche Verbindlichkeit als solche kein Gewicht gelegt wird, ergiebt die gleichlautende Bestimmung aller Statuten, daß bei Veräußerungen bepfandbriefter Grundstücke die persönliche Verbindlichkeit des bisherigen Besitzers erlischt, sobald der Besitznachfolger dieselbe übernommen hat. — Die Zulässigkeit der Mobiliar-Execution würde aber in keiner Weise beeinträchtigt werden, wenn die Pfandbrief-Institute statutenmäßig die Verpflichtung übernehmen,

„mit ihren aus der persönlichen Verbindlichkeit herzuleitenden

Ansprüchen im Falle eines Concurses oder Prioritäts-Verfahrens hinter sämmtliche persönliche Gläubiger zurückzutreten."

Dies würde vollständig ausreichen, in Höhe der Pfandbriefschuld den Personal-Credit der Grundbesitzer zu erleichtern und die aus der accessorischen Natur des Hypothekenrechtes erwachsenden Nachtheile zu beseitigen (cf. § 15).

§ 23.

Der Reservefonds.

I. Auch bei der größten Sicherheit der Hypotheken, welche den Pfandbriefen als Unterlagen dienen, sind Ausfälle nie ganz zu vermeiden. Jeder dem Hypothekenfonds erwachsende Verlust aber zieht eine Insufficienz nach sich, welche das Fortbestehen des von ihr betroffenen Credit-Institutes unmöglich macht. Deshalb erscheint ein Reservefonds unentbehrlich, dessen Umfang keinen Zweifel darüber zuläßt, daß etwaige Ausfälle einzelner Hypotheken sofort ausgeglichen werden können.

Die Gläubiger verlangen aber auch ferner die Garantie, daß die verbrieften Forderungen rechtzeitig getilgt werden. Die Gewährung dieser Sicherheit ist der zweite Hauptzweck des Reserve- und der ausschließliche Zweck des Amortisationsfonds. Nach den Statuten der bestehenden Verbände erfolgt die Bildung beider Fonds in der Weise, daß der Grundbesitzer bei Empfang der Pfandbriefe eine baare Einlage (in der Regel 2 pCt.) und jährlich einen Zuschlag zu den Zinsen (meistens $^3/_4$ pCt.) zu leisten hat. Für den Reservefonds ist eine Maximal-Höhe (gewöhnlich 10 pCt.) festgesetzt. Ist die Hälfte derselben erreicht, so fließt der Zuschlag zum Theil (in der Regel $^1/_2$ pCt.), ist sie ganz erreicht, so fließt er in voller Höhe zum Amortisationsfonds. — Dieses Verfahren bietet nur eine Garantie für die pünktliche Zahlung der Zinsen, welche statutenmäßig aus dem Reservefonds vorgestreckt werden. Der Termin, bis zu welchem die Rückzahlung des Capitals erwartet werden kann, ist ungewiß, weil durch jede aus dem Reservefonds zu leistende Zahlung die Amortisation weiter hinausgeschoben wird. Die Gläubiger können aber mit Recht die strengste Pünktlichkeit sowohl hinsichtlich der Zins- als auch der Capitals-Zahlung fordern. So lange die Creditverbände den Gläubigern über den

Zeitpunkt der Rückzahlung des Capitales nicht von vornherein Gewißheit gewähren, leisten sie etwas mehr oder weniger Unsicheres. Für jede Unsicherheit aber verlangen die Gläubiger eine Versicherungs-Prämie, welche die Grundbesitzer ersparen, wenn sie Gewißheit gewähren. Deshalb muß dem Reservefonds eine weitere Bedeutung gegeben werden: Er darf nicht mehr blos dazu dienen, den Rückgriff auf den Hypothekenfonds zu verhüten und die pünktliche Zinszahlung sicher zu stellen; sondern er muß dem Gläubiger für die pünktliche Erfüllung aller Verbindlichkeiten — mithin auch für die Amortisation — die nöthige Sicherheit gewähren, so daß sogar Ausfälle an Amortisations-Beiträgen aus ihm zu decken sind. Die Amortisation selbst darf nicht mehr als Nebensache hinter der Erhaltung eines ungeschwächteu Reservefonds zurücktreten, sondern muß ihrem Zwecke, „dem Gläubiger die pünktliche Rückzahlung des Capitals zu sichern" entsprechend als Hauptsache betrachtet werden und deshalb nicht blos aus den nach Abzug der entstandenen Ausfälle verbleibenden Ueberschüssen, sondern in fest begrenztem Umfange und von einem bestimmten, schon bei Emission der Pfandbriefe festgesetzten Termine ab erfolgen.

II. Dem Reservefonds muß die zur Sicherstellung seiner vorerwähnten Zwecke erforderliche Höhe gegeben werden. Mit Rücksicht auf die Bonität der einzelnen Hypotheken-Activa wird selbst in Zeiten der größten Noth zur Deckung etwaiger Capitals-Ausfälle ein Fonds von 4 pCt. des Pfandbrief-Capitals und zur Ausgleichung unpünktlich oder gar nicht eingehender Zinsen resp. Amortisations-Beiträge ein Fonds, welcher den Gesammtbetrag der einjährigen Zinsen und Amortisations-Beiträge deckt, vollständig ausreichen, so daß in Uebereinstimmung mit den Durchschnitts-Sätzen der meisten bestehenden Verbände die Maximalhöhe des Reservefonds auf eine die jährlichen Leistungen um 4 pCt. übersteigende Summe festzusetzen sein dürfte.*)

Dieser den höchsten Anforderungen an Sicherheit entsprechende Prozentsatz kann um so unbedenklicher gefordert werden, als die Be-

*) Ein derartiger Fonds würde noch sufficient bleiben, wenn beispielsweise der zwölfte Theil sämmtlicher beliehenen Grundstücke gleichzeitig zur Subhastation käme, und das Pfandbrief-Institut bei jedem Grundstücke mit der Hälfte seiner Forderung ausfiele, außerdem aber von der Hälfte sämmtlicher associirten Grundbesitzer innerhalb 18 Monaten gar keine Zinsen zu erlangen wären.

stände des Reservefonds Eigenthum der Grundbesitzer verbleiben und nach Erfüllung ihres Zweckes zum Amortisationsfonds fließen. (cf. Nr. III.)

III. Da alle Operationen der Pfandbrief-Institute erst nach vollständiger Constituirung des Reservefonds die angestrebte Sicherheit erhalten, so würde den Wünschen der Gläubiger am meisten entsprochen werden, wenn der Reservefonds von Anfang an die volle Höhe hätte.

Die Grundbesitzer sind aber außer Stande, die entsprechende Einzahlung in Einem Termine zu leisten. Deshalb ist eine Vereinigung der collidirenden Interessen nothwendig, welche dadurch bewirkt zu werden pflegt, daß

1. die Grundbesitzer bei Empfang der Darlehne eine bestimmte Rate (20 pCt. des Maximal-Betrages) baar einzuzahlen haben,
2. die Amortisation erst nach Constituirung des Reservefonds beginnt.

Beide Einrichtungen dürften beizubehalten sein: Die baare Einlage ist unentbehrlich, da von Anfang an Ausfälle vorkommen können, für welche im Interesse sowohl der Gläubiger als der Schuldner Deckung vorhanden sein muß. Der Anfangstermin der Amortisation kann ohne Nachtheil hinausgeschoben werden, da die Guthaben der einzelnen Grundstücke an dem Reservefonds zur Amortisation der letzten Darlehns-Raten dienen, und mithin die vollständige Tilgung der Schuld durch jene Prorogation nicht verzögert wird. Mit Rücksicht auf die Fixirung des Anfangs-Termines muß nur dafür Sorge getragen werden, daß der Reservefonds inzwischen die Maximalhöhe erreicht. Dies geschieht am einfachsten in der Weise, daß diejenigen Summen, welche zur Ausgleichung der durch die Erträgnisse aus der bankmäßigen Verwaltung des gesammten Baarfonds nicht gedeckten Verluste erforderlich sind, jährlich oder halbjährlich von den einzelnen Grundbesitzern nach Verhältniß der ihnen gewährten Darlehne als außerordentliche Zubußen eingezogen werden. Auf die Summe der den Grundbesitzern obliegenden Leistungen hat diese Aenderung keinen Einfluß: Während jetzt die Höhe der Beiträge von vornherein bestimmt ist, und ihre Dauer von dem Umfange der Verluste abhängt, würde in Zukunft die Dauer der Beiträge bestimmt, und ihre Höhe von dem Umfange der Verluste abhängig sein. Damit nicht bei größeren Ausfällen die außerordentlichen Beiträge eine für die einzelnen Grundbesitzer drückende Höhe erreichen, wird der Termin für den Beginn der Amortisation um einen oder zwei Zinstermine nach demjenigen Zeitpunkte festzusetzen sein, in welchem bei regelmäßigem Eingange aller Zinsen und Beiträge der Reservefonds die Maximalhöhe erreicht. Hierdurch wird es möglich, alljährlich einen erheblichen Theil der Verluste ohne Ausschreibung von Zubußen zu decken. Der etwa verbleibende Ueberschuß könnte zur Verstärkung des Reservefonds dienen.

Auch nach Erreichung der Maximalhöhe fließen zum Reservefonds die Einnahmen aus der bankmäßigen Verwaltung des ganzen Baarfonds, wogegen für die Benutzung der disponibelen Amortisations-Beiträge alljährlich ein auf einen bestimmten Procentsatz der letzteren fixirtes Zins-Pausch-Quantum aus dem Reserve- in den Amortisationsfonds zu transferiren ist. Die nach Abzug dieses Pauschquantums und Deckung etwaiger Ausfälle verbleibenden Ueberschüsse der Erträge sind, so lange der Reservefonds die Maximalhöhe erreicht, den Grundbesitzern als Dividenden ihrer in den Guthaben an dem Baarfonds sich darstellenden Geschäfts-Antheile zurückzuerstatten, wogegen andrerseits, wenn der Reservefonds einen bestimmten Procentsatz der Maximalhöhe (etwa 66²/₃ pCt.) nicht mehr erreicht, bis zur Wiederherstellung der vollen Höhe außerordentliche Beiträge auf die Grundbesitzer zu repartiren sind. Diese Repartition dient zur Milderung der den associirten Grundbesitzern aus der Solidarhaft erwachsenden Gefahr, da sie die allmälige Erschöpfung des Reservefonds und mithin auch den die bestsituirten Grundbesitzer am meisten bedrohenden Rückgriff der Pfandbrief-Inhaber auf den Hypothekenfonds unmöglich macht. Die Gefahr, daß die außerordentlichen Beiträge bei besonderen Calamitäten durch ihre Höhe drückend werden könnten, wird auf ein minimum reducirt, wenn die Verbände gegen Ausfälle etwa in der Weise sich wechselseitig versichern, daß die einzelnen Reservefonds nur die Hälfte ihrer beim Jahresschlusse festzustellenden Ausfälle zu tragen haben, während die andere Hälfte von den übrigen Verbänden antheilig übernommen wird. Je größer bei gegenseitigen Versicherungen die Zahl der Betheiligten ist, desto weniger darf der Einzelne einen erheblichen Ausfall fürchten.

§ 24.

Der Amortisationsfonds.

Die Amortisation bezweckt, dem Gläubiger eine Garantie dafür zu gewähren, daß das creditirte Capital ihm nach Ablauf einer bestimmten Zeit zurückgezahlt wird, sie muß also

1. die volle,
2. die pünktliche

Rückzahlung sicher stellen. Beiden Gesichtspunkten wird von den bestehenden Verbänden nicht genügend Rechnung getragen: Einige geben die Pfandbriefe ohne jede Sonderung je nach Bedürfniß aus, so daß ihre Gesammtsumme eine einheitliche Schuld des Institutes darstellt; andere schaffen geschlossene Systeme, so daß nur die innerhalb bestimmter Zeiträume emittirten Pfandbriefe einheitliche Anleihen bilden. Einige amortisiren durch Ankauf an der Börse und nur bei einem Curse über pari durch Verloosung nach dem Nennwerthe, andere regelmäßig durch eine derartige Verloosung. Keine dieser Methoden gewährt die bezweckte Sicherheit:

Wenn sämmtliche Pfandbriefe eine einheitliche Schuld bilden, und die Amortisation durch Ankauf an der Börse erfolgt, so kann bei einem Curse unter pari der Pfandbrief-Inhaber das Credit-Verhältniß nur durch Verkauf des Pfandbriefes lösen. Er hat also keine Sicherheit, daß die Lösung ohne Capitals-Verlust möglich sein wird. — Erfolgt die Amortisation durch Ausloosung, so ist ihm wenigstens eine Hoffnung gewährt, durch Glücksfall zur Hebung des vollen Capitales zu gelangen. Im Wesentlichen bleibt aber die Unsicherheit dieselbe. Der Gläubiger berechnet sich für die ihm erwachsende Gefahr eine entsprechende Versicherungsprämie und bringt dieselbe beim Ankaufe des Pfandbriefes dem Grundbesitzer in Abzug. — Bei Bildung geschlossener Systeme ist der Gläubiger zwar nach Schluß des Systems im Stande, annähernd zu beurtheilen, bis zu welchem Termine er auf Zahlung des Nominalwerthes rechnen darf; vorher aber bleibt die Unsicherheit bestehen, da sich nicht ermessen läßt, wie viele Pfandbriefe noch zu emittiren sind. Dem Grundbesitzer, welcher die als Darlehns-Valuta erhaltenen Pfandbriefe in der Regel unmittelbar nach Empfang, also während der fortdauernden Unsicherheit verkaufen muß, wird deshalb auch hierdurch wenig geholfen. Soll von vornherein volle Sicherheit gewährt, und dadurch den Grundbesitzern die erwähnte Versicherungsprämie erspart werden, so ist es nothwendig, die Pfandbrief-Anleihen zum Zwecke der Amortisation*) auf bestimmte Summen zu fixiren: Wenn der Anfangstermin der Amortisation, die Höhe der Amortisations-Beiträge und die zu amortisirende Summe feststehen, so ist damit zugleich der Schlußtermin der Amortisations-Periode bestimmt. Der Gläubiger hat alsdann die Gewißheit, spätestens in diesem Termine den vollen Nennwerth zu erhalten; denn wenn er nicht freiwillig schon früher verkauft, so muß ihm das Credit-Institut an dem Schlußtermine den Nennwerth zahlen. — Erfolgt bei derartig fixirten Anleihen die Amortisation durch Ankauf, so wird der Curs der Pfandbriefe, welcher noch nicht al pari ist, um so mehr steigen, je mehr der Schlußtermin herannaht. Dies Steigen gereicht dem Grundbesitzer zum Nachtheil, da er mehr amortisiren muß, als er erhalten hat. Bei der Amortisation durch Ausloosung dagegen wird dem Gläubiger Aussicht auf eine Prämie eröffnet, da er hoffen darf, schon vor Schluß der Amortisationsperiode den vollen Nennwerth zu erhalten. Die Hoffnung auf Gewinn führt eine Ausgleichung des Courses herbei, d. h. der Cours ist von Anfang an höher und steigt weniger. Hiernach erscheint die Ausloosung für den Grundbesitzer vortheilhafter: Er erhält für dieselben Leistungen eine größere Summe.

Die vorgeschlagene Neuerung dürfte auch ohne Schwierigkeit durchführbar sein: Die Direction der Bundes-Hypotheken-Bank setzt die Summe der aufzunehmenden Anleihe durch Beschluß fest und macht dieselbe bekannt. Die Pfandbriefe werden ohne Rücksicht auf den Umfang der eingegangenen Meldungen über den vollen festgesetzten Betrag ausgefertigt und, so weit ihre Verausgabung nicht erfolgt, im Tresor der Bank asservirt. Grundbesitzer, welche nach Emission der Anleihe Darlehne erhalten, haben die Beiträge zu den Verwaltungs-, Reserve- und Amortisationsfonds für die ganze Zeit seit der Emission nachzuzahlen. Deshalb ist nur darauf Bedacht zu nehmen, daß aus dieser Verpflichtung keine Härte erwächst: Wenn alljährlich wenigstens eine Anleihe emittirt wird — und dies kann bei dem großen Geschäfts-

---

*) Aber auch nur zu diesem Zwecke; namentlich dürfen der Hypotheken- und der Reservefonds nicht nach Anleihen getheilt werden (§ 22. II. u. §. 33).

kreise der Bank zweifellos geschehen — so ist die Verbindlichkeit nicht größer als gegenwärtig, da die associirten Grundbesitzer behufs Feststellung ihrer Guthaben an den Fonds nach den Statuten aller Verbände in Jahresgesellschaften eingetheilt und dem entsprechend verpflichtet sind, die Beiträge zu den Fonds vom 1. Januar desjenigen Jahres ab zu leisten, in welchem sie ihr Darlehn erhalten haben. — Bei Zulassung mehrerer Arten von Pfandbriefen kann es zwar vorkommen, daß verschiedene Anleihen concurriren, und einzelne überhaupt nicht vollständig zur Verausgabung gelangen. Hieraus erwächst indeß für Niemanden ein Nachtheil: da die nicht in Cours gesetzten Pfandbriefe an dem Amortisations-Verfahren nicht Theil nehmen, so wird weder der verhältnißmäßige Umfang noch der Schlußtermin der Amortisation geändert. Nur bei Prämien-Anleihen entsteht eine Differenz, weil die Beträge der höheren Prämien wesentlich von dem Umfange der Anleihen abhängig sind. Allein auch hier ist in doppelter Weise eine Abhülfe möglich:

1. Die Pfandbrief-Institute verauslagen aus dem Reservefonds für die in ihrem Tresor befindlichen Pfandbriefe diejenigen Summen, welche statutenmäßig zur Gewinn-Verloosung bestimmt sind und erhalten dafür die auf jene Pfandbriefe fallenden Prämien. Es ist mit Sicherheit anzunehmen, daß Auslagen und Einnahmen sich stets in kurzer Zeit ausgleichen werden.
2. Die Pläne für die Prämien-Verloosungen werden nicht nach bestimmten Beträgen, sondern nach Procenten der zur Amortisation gelangenden Pfandbriefe festgestellt, und die Summen der zur Zeit in Cours gesetzten Pfandbriefe bis zur vollständigen Verausgabung der Anleihe in kurzen Zwischenräumen (etwa nach je 3 Monaten) publicirt.

Die für beide Fälle immerhin wünschenswerthe Begrenzung der Anleihen nach dem augenblicklichen Bedürfnisse ließe sich durch die Bestimmung erreichen, daß Prämien-Anleihen regelmäßig 6 Monate vor der Emission angekündigt werden und niemals den doppelten Betrag der bis zu dem Emissionstermine von den Grundbesitzern angemeldeten Darlehns-Summen übersteigen dürfen.

C. Einziehbarkeit.

§. 25.

Da die Bundes-Hypothekenbank den Gläubigern durch die Fonds der associirten Pfandbrief-Institute die Sicherheit gewährt, daß sie zur Einlösung ihrer Schuldverschreibungen dauernd im Stande ist, so wird die größere oder geringere Einziehbarkeit nur durch die über die Zeit und den Ort der Zinszahlung und der Rückgewähr des credidirten Capitals getroffenen Abreden bedingt:

Die Zinsen werden, wie bisher, an die Gläubiger in Semester-Raten postnumerando zu zahlen, von den Grundbesitzern aber, behufs Beschränkung der Ausfälle auf ein möglichst geringes Maß, in Quartal-Raten praenumerando zu erheben sein. Die einzelnen Institute erhalten hierdurch die dauernde Disposition über die Zinsen eines Quartals und alljährlich während zweier Quartale sogar über die Zinsen eines ganzen Semesters. Aus der bankmäßigen Verwaltung dieser erheblichen Summen erwächst dem Reservefonds eine wesentliche Verstärkung.

In Beziehung auf den Ort der Zins- und Capitalszahlungen pflegen die bestehenden Credit-Verbände den Wünschen der Gläubiger weit weniger zu entsprechen, als die Actiengesellschaften, obwohl gerade hier ein sehr wesentliches Entgegenkommen möglich erscheint, ohne die Verpflichtungen der Grundbesitzer zu erhöhen. Bei Errichtung der Bundes-Hypotheken-Bank ist daher auch in dieser Hinsicht auf Abhülfe Bedacht zu nehmen: Zunächst muß jedes Provinzial-Institut für alle Zinscoupons und ausgeloosten Pfandbriefe der Bank, welche bei ihm zur Zahlung präsentirt werden, die Einlösung übernehmen. Ferner wird den Kreisgenossenschaften (§ 15.), welche den Credit eines Pfandbrief-Institutes in Anspruch nehmen, die Verpflichtung aufzulegen sein, für die in ihren Bezirken wohnenden Gläubiger die Realisation der Coupons und Pfandbriefe bei dem nächsten Provinzial-Institute zu vermitteln. Endlich aber muß die Bank überhaupt an allen Plätzen des In- und Auslandes, an welchen die neuen Pfandbriefe Aufnahme finden, zur Vermittelung der Zahlungen Agenturen einrichten. Nur dann, wenn die Einziehung der fälligen Leistungen keine Schwierigkeiten verursacht, sind die Capitalisten geneigt, Pfandbriefe zu acquiriren.

Die Rückzahlung des Capitals kann in vier verschiedenen Rechtsformen versprochen werden:

1. zu einem bestimmten Termine,
2. nach Kündigung,
3. nach Kündigung und, falls diese nicht erfolgt, zu einem bestimmten Termine,
4. zu jeder Zeit ohne Kündigung.

Es entsteht die Frage: In wie weit kann die Bank diese Verpflichtungen übernehmen?

§ 26.

Umfang der Amortisation.

Durch Einrichtung eines geregelten Amortisations-Verfahrens wird ein bestimmter Termin der Rückzahlung festgesetzt. Je kürzer dieser Termin, desto größer ist die Einziehbarkeit. Deshalb wird bei gleicher Sicherheit ein um so billigerer Credit erzielt, je kürzer die Amortisationsfristen sind (§ 16). Wenn man dennoch häufig die Amortisations-Beiträge unter eine Categorie mit den Zinsen bringt und sie zu den „Opfern" zählt, welche den Grundbesitzern bei der Bepfandbriefung vermeintlich zugemuthet werden, so beruht dies auf einer Verkennung ihrer Natur: Sowohl die baaren Einlagen und Beiträge zum Reservefonds, als auch die Zahlungen zum Amortisationsfonds verbleiben bis zu ihrer statutenmäßigen Verwendung Eigenthum der Beisteuernden. Die durch sie entstehenden Guthaben bilden unveräußerliche Antheile der Grundbesitzer an dem Bankvermögen, sind also Activa von bestimmtem Werthe, welche in den associirten Grundstücken radicirt sind. Diese ihre rechtliche Natur wird viel klarer hervortreten, wenn die einzelnen Grundbesitzer beim Eintritt in die Association „auf den jedesmaligen Besitzer des (zu benennenden) Grundstückes" lautende Documente „über ihren Antheil an dem Bankvermögen" erhalten, auf welchen ihnen, so oft sie es verlangen, der Stand ihres Guthabens an dem Reserve- und dem Amortisationsfonds bescheinigt wird.

Andrerseits sind viele Grundbesitzer nicht im Stande, neben den Zinsen noch bedeutende Amortisations-Beiträge zu leisten. Auch ist nicht *allen* Gläubigern ein kurzer Rückzahlungstermin erwünscht: Einer großen Anzahl gerade derjenigen Capitalisten, welche hypothekarische

Sicherheit suchen, ist es nur um eine vollständig sichere und ohne Weitläufigkeiten einziehbare Renten zu thun. Ihnen erscheint die Amortisation als eine die Sicherheit und Einziehbarkeit schmälernde Last, da sie entweder die Ausloosung der Pfandbriefe genau controlliren resp. die Zinsen pünktlich erheben müssen oder Gefahr laufen, die Rente für kürzere oder längere Zeit zu verlieren. — Den beiderseitigen Wünschen kann nur dann entsprochen werden, wenn das bisher als ein unantastbares Axiom betrachtete Princip, „daß alle Inhaber-Papiere amortisirt werden müssen" aufgegeben und die Emission von Pfandbriefen zugelassen wird, welche — wie z. B. ein großer Theil der französischen Staatsschuld — der Amortisation nicht unterliegen: Wenn in Zukunft die Grundbesitzer für 33¹/₃ pCt. der Pfandbriefe Amortisations-Beiträge nicht zu entrichten haben, so können für die weiteren 66²/₃ pCt. höhere und dennoch im Ganzen niedrigere Beiträge gefordert werden, als bisher; den Gläubigern aber wird je nach ihren Wünschen Befreiung von den Weiläufigkeiten und Gefahren der Ausloosung oder eine schleunigere Amortisation gewährt.

Mit Rücksicht auf die Wechselbeziehung zwischen Sicherheit und Einziehbarkeit empfiehlt es sich, den nicht amortisationsfähigen Pfandbriefen — welche als „Rentenbriefe" zu bezeichnen sein möchten — vor den der Amortisation unterliegenden die Priorität einzuräumen (§. 32). Alsdann wird durch die verstärkte Amortisation der postintabulirten Forderungen die allmälige Entlastung des Grundbesitzes in einer den Gläubigern und den Schuldnern gleich vortheilhaften Weise bewirkt, da vorzugsweise die minder sicheren und präsumtiv höher zu verzinsenden Forderungen zur Tilgung gelangen. Das öffentliche Interesse wird hiernach durch Ausschließung der Amortisation für einen Theil der Pfandbriefe in keiner Weise gefährdet. Nur muß dem Grundbesitzer die Befugniß zur Ablösung verbleiben: er hat alsdann den Nennwerth der Schuld an das Bank-Institut einzuzahlen, welches ihm löschungsfähige Quittung ertheilt und an der Börse eine entsprechende Summe von Rentenbriefen zurückkauft oder — falls solches nach den augenblicklichen Coursverhältnissen vortheilhafter erscheint — das Ablösungs-Capital gegen eine gleich sichere Hypothek ausleiht und aus dem Zinsertrage die Rente berichtigt.

§ 27.

Hypotheken-Versicherung und kündbare Hypothekenbriefe.

Die bestehenden Credit-Verbände gewähren die Einziehbarkeit nur durch die Amortisation, während sie die Kündbarkeit im Interesse der Grundbesitzer versagen. Bisher hat man letzteres allgemein gebilligt, weil die Rente des Grundstückes zwar eine allmälige Tilgung, nicht aber die Rückzahlung des ganzen Capitales in Einem Termine ermögliche, der Grundbesitzer also zu jener Rückzahlung nicht im Stande sei. Dieser Schluß erscheint indeß nicht richtig. Alle Pfandbrief-Institute vermitteln den Credit dadurch, daß sie gegen Hypothek-Bestellung Darlehne in Pfandbriefen gewähren. Wenn nun die zu gründende Bank nicht blos Darlehnsverträge, sondern auch Verträge schließt, durch welche sie sich verpflichtet, zukünftig Darlehne zu gewähren (pacta de mutuando), mit anderen Worten, wenn sie in Beziehung auf bereits eingetragene Hypotheken die Verpflichtung übernimmt, den legitimirten Eigenthümern derselben zu jeder Zeit auf Verlangen gegen Cession ihrer Rechte Pfandbriefe einer bestimmten Anleihe nach dem Nominalbetrage zu gewähren, so wird die dem Grundbesitzer aus der Kündigung erwachsende Gefahr beseitigt oder doch sehr wesentlich gemildert, da er nur die Differenz zwischen dem Course und dem Nennwerthe zu beschaffen braucht. Die Uebernahme einer derartigen Versicherung Seitens der Bank erscheint unbedenklich, sofern aus ihr nicht umfassendere Verpflichtungen resp. beschränktere Rechte entstehen, als aus der Emission von Pfandbriefen resp. der Gewährung von Pfandbrief-Darlehnen. Um dies zu erreichen, brauchen nur folgende Grundsätze als Richtschnur zu dienen:

1. Die Bundes-Hypothekenbank übernimmt bei allen zur Bepfandbriefung geeigneten Grundstücken auf Antrag der Besitzer die Versicherung für diejenigen Hypotheken, welche innerhalb der für die Beleihung mit Pfandbriefen festgesetzten Werthsgrenze eingetragen sind.

2. Duch die Versicherung verpflichtet sich die Bank

a) für die rechtzeitige Zahlung der Zinsen auf Höhe von — pCt. (dem Zinsfuße der Pfandbriefe) als Selbstschuldner zu haften,

b) dem Gläubiger jeder Zeit gegen Cession seiner Hypothek den Nominalbetrag in Pfandbriefen zu gewähren.

3. Die Versicherung wird unter folgenden Bedingungen gewährt:

A. Die zu versichernde Hypothek muß für das Capital, die zu gewährleistenden Zinsen und Kosten bestellt und an erster Stelle oder unmittelbar hinter Pfandbriefen resp. solchen Hypotheken eingetragen sein, welche bei der Bank bereits versichert sind.

B. Der Grundbesitzer muß

a) in einer gerichtlichen oder notariellen Urkunde der Bank gegenüber die persönliche Verbindlichkeit aus dem der Hypothek zu Grunde liegenden Schuldverhältnisse übernehmen,

b) unmittelbar hinter der zu versichernden Hypothek die Verpflichtung eintragen lassen, als Versicherungs-Prämie — pCt. (die Quartalrate der für die Pfandbriefe zu den Fonds zu leistenden Beiträge) des versicherten Capitals vierteljährlich praenumerando an die Casse des Pfandbrief-Institutes seiner Provinz baar oder in nicht verjährten, bereits fälligen Coupons von Pfandbriefen der Bank abzuführen.

C. Bei dem Empfange der Versicherungspolice hat der Schuldner ferner baar zu entrichten:

a) 2 pCt. des versicherten Capitals als Beitrag zum Reservefonds,

b) die seit Emission derjenigen Anleihe, in deren Pfandbriefen die Versicherungs-Summe event. auszuzahlen ist, etwa fällig gewordenen Beiträge zu den Fonds,

c) den Betrag der Zinsen für ein Quartal als Einzahlung in den Verwaltungsfonds. — Diese Einzahlung wird ihm bei Aufhebung der Versicherung baar zurückgezahlt, sofern nicht dem Institute zur Compensation geeignete Gegenforderungen zustehen.

4. Der Uebergang des Eigenthumes, einer versicherten Hypothek muß dem Provinzial-Pfandbrief-Institute durch den Erwerber nachgewiesen werden. So lange dies nicht geschehen ist, muß derselbe alle von dem Institute an den früheren Gläubiger geleisteten Zahlungen und alle mit demselben gepflogenen Verhandlungen gegen sich gelten lassen.

5. Mit der Versicherungs-Police werden von der Bank für die einzelnen Zins-Termine Bürgschafts-Scheine ausgegeben. Der Grundbesitzer hat bei jeder Zinszahlung außer der Quittung den fälligen

Bürgschafts-Schein von dem Gläubiger zurückzufordern. Wenn er dies versäumt, so muß er die von dem Pfandbrief-Institute auf Grund des bezüglichen Scheines geleistete Zahlung gegen sich gelten lassen.

Das Pfandbrief-Institut leistet nur gegen Quittung und Rückgabe des fälligen Bürgschafts-Scheines Zahlung.

6. Die Bank kann in allen denjenigen Fällen, in welchen sie zur Kündigung von Pfandbrief-Darlehnen befugt ist, von dem Gläubiger einer versicherten Hypothek deren sofortige Kündigung und Einklagung verlangen. Wenn derselbe diesem Verlangen nicht in dem nächsten Termine nachkommt, so wird die Bank in Höhe desjenigen Betrages nebst Zinsen, dessen Einziehung ihrerseits gefordert war, von jeder Verpflichtung aus der Versicherung frei.

Die Befreiung der Bank von der Haftungspflicht für fällige Zinsen tritt ein, wenn der Gläubiger ohne ihre Zustimmung dem Schuldner Frist gewährt.

7. Die Bank tritt, soweit sie den Gläubiger abgefunden hat, in alle Rechte desselben gegen den Grundbesitzer, namentlich auch in die Pfandrechte. Doch ist auf ihr Verlangen der Gläubiger auch zur Ertheilung einer gerichtlichen oder notariellen Cession verpflichtet.

8. Die Bank, welche durch Gewährung von Pfandbriefen die versicherte Hypothek eingelöst hat, darf von denjenigen Rechten keinen Gebrauch machen, welche in der Hypothek zwar dem Gläubiger eingeräumt sind, aber der Bank gegen Pfandbrief-Schuldner nicht zustehen. Sie ist ferner verpflichtet, darein zu willigen, daß die Schuld in eine Pfandbrief-Schuld im Hypothekenbuche umgeschrieben werde. So lange die Umschreibung nicht erfolgt ist, kann der Grundbesitzer durch Rückzahlung der Pfandbriefe die versicherte Hypothek jeder Zeit wieder erwerben und über dieselbe disponiren.

9. Die Versicherungs-Prämie (Nr. 3. C.) wird in derselben Weise, wie die von den Besitzern bepfandbriefter Grundstücke außer den Pfandbriefs-Zinsen an die Fonds der Bank zu entrichtenden Beiträge verwendet.

10. In allen übrigen Punkten haben die Besitzer der mit versicherten Hypotheken belasteten Grundstücke ganz dieselben Rechte und Pflichten gegen das Provinzial-Pfandbrief-Institut und die Bundes-

Hypothekenbank, welche den Besitzern bepfandbriefter Grundstücke zustehen resp. obliegen.

11. Ebenso werden die Besitzer der mit versicherten Hypotheken belasteten und der bepfandbrieften Grundstücke in Betreff ihres Verhältnisses zum Verwaltungs- und zum Reservefonds nicht unterschieden.

12. Die Amortisation ist nur dann nothwendig, wenn die Zahlung der Versicherungs-Summe in Pfandbriefen einer, bei Abschluß des Kontraktes bereits emittirten Anleihe zugesichert wird. Soll dagegen die Versicherungs-Summe in Pfandbriefen der zuletzt vor eintretender Cession der Hypothekenforderung an das Institut emittirten Anleihe gezahlt werden, so hat der Grundbesitzer während der Dauer der Versicherung Amortisations-Beiträge nicht zu leisten; auch ist ihm bei der Cession sein inzwischen entstandenes Guthaben an dem Reservefonds in so weit zurückzuerstatten, als dasselbe die Summe derjenigen Beiträge übersteigt, welche er auf das zu kontrahirende Pfandbrief-Darlehn leisten muß.

I. Bei der zweiten sub No. 12. erwähnten Art der Versicherung erhält der Grundbesitzer in den Ueberschüssen seines Guthabens an dem Reservefonds zugleich die Mittel zur Zahlung der Differenz zwischen dem Course und dem Nominalwerthe, so daß selbst die aus der Nothwendigkeit, bei eintretender Kündigung eine zur Deckung der erwähnten Differenz ausreichende Baarsumme beschaffen zu müssen, für den Grundbesitzer erwachsende Last beseitigt und seine Lage nur insofern geändert wird, als er mit Rücksicht auf die Verwandlung der Hypothek in eine Pfandbrief-Schuld in Zukunft Amortisationsbeiträge zahlen muß.

II. Bei einer Versicherung nach obigen Principien bleibt zwischen dem Grundbesitzer und dem Gläubiger im wesentlichen das bisherige Verhältniß bestehen. Der Gläubiger bleibt Besitzer des Hypotheken-Dokumentes und erhält neben demselben eine Versicherungs-Police. Der Schuldner haftet ihm unmittelbar für die Baarzahlung der Zinsen und des Capitals. Die Verpflichtung der Bank tritt accessorisch hinzu. -- Die Versicherung kann aber ferner in der Form ertheilt werden, daß die Bank alleinige Schuldnerin wird. Sie fertigt alsdann gegen Empfang des Hypotheken-Dokumentes und der Urkunde über die mit Bezug auf die Versicherung zu übernehmenden Verbindlichkeiten (cf. oben I. 3.) dem Grundbesitzer oder auf dessen Antrag dem Gläubiger „Hypothekenbriefe“ aus, durch welche sie sich verpflichtet,

a) die Zinsen an den Fälligkeitsterminen zu zahlen,

b) das Capital auf Verlangen des Gläubigers dem Grundbesitzer jederzeit zu kündigen und demnächst bei eintretender Fälligkeit, falls der Grundbesitzer Zahlung nicht leistet, nach Wahl des Gläubigers den Nominalbetrag in Pfandbriefen einer zu bestimmenden Anleihe zurückzugewähren oder das Capital nach den für Handvesten (cf. § 34) maßgebenden Grundsätzen (also ohne Garantie für den Eingang der Zahlung) von dem Grundbesitzer einzuziehen.

Derartige kündbare Hypothekenbriefe müssen ganz nach Art der Handvesten ausgefertigt werden, also auf den Namen lauten und das verpfändete Grundstück speciell bezeichnen. Ihre Uebertragung wird in Form des Giros zu gestatten sein. Der Zinsfuß ist nach den Anträgen des Grundbesitzers zu regeln, welcher nur, wenn der stipulirte Zinsfuß höher ist, als bei den Pfandbriefen, in denen event. die Zahlung erfolgen soll, den zweijährigen Betrag dieses plus baar zum Reservefonds einzahlen muß.

Bei einem Course der Pfandbriefe unter pari, sind dem Grundbesitzer, so oft er es verlangt, die auf seinem Grundstücke haftenden Pfandbriefe in Hypothekenbriefe und die Hypothekenbriefe in Pfandbriefe umzutauschen.

III. Die Zulassung der Hypotheken-Versicherungen und der kündbaren Hypothekenbriefe neben den unkündbaren Pfandbriefen erscheint im Interesse sowohl der Gläubiger als der Schuldner dringend wünschenswerth. Pfandbriefe sind Schuldverschreibungen der Bank zu einem feststehenden Zinsfuße und mit einem bestimmten Rückzahlungstermine. Ist der festgesetzte Zinsfuß nach den augenblicklichen Conjuncturen zu niedrig, so capitalisirt der Käufer des Pfandbriefes die mehr beanspruchten Zinsen *für die ganze Dauer der Creditbewilligung* — also bis zum Schlusse der Amortisationsperiode — und zahlt als Kaufpreis nur diejenige Summe, welche von dem Nennwerthe nach Abzug der capitalisirten Zinsen verbleibt; so bildet sich der Tagescours. — Hiernach ist der Grundbesitzer, welcher die Pfandbriefe zum vollen Nennwerthe annehmen muß, gezwungen, beim Verkaufe in Form der

Differenz zwischen dem Tagescourse (d. i. dem zu erlangenden Kaufpreise) und dem Nennwerthe einen den augenblicklichen Zeitverhältnissen entsprechenden Zins für die ganze Dauer des Credites d. h. bis zur vollständigen Amortisation zu bewilligen, ohne Rücksicht darauf, daß der Zinsfuß vielleicht nur ganz vorübergehend hoch ist, und binnen Kurzem günstigere Verhältnisse eintreten. Dieser mit der Verwandlung der Hypotheken in Pfandbriefe verbundene Uebelstand fällt um so schwerer in's Gewicht, als die Grundbesitzer gerade in Zeiten der Noth (also in Zeiten eines hohen Zinsfußes) am leichtesten in die Lage kommen, Hypotheken aufnehmen zu müssen. Ihm wird durch die Zulassung von Hypotheken-Versicherungen und Hypothekenbriefen abgeholfen: während bei den Pfandbriefen wegen des feststehenden Zinsfußes der Capitalswerth den Einflüssen der Zeitverhältnisse unterworfen sein muß, wird bei versicherten Hypotheken und Hypothekenbriefen, deren Capitalswerth feststeht, der Zinsfuß je nach den Zeitverhältnissen geregelt. Bedarf also der Grundbesitzer bei einem niedrigen Course der Pfandbriefe Geld, so wird er kündbare Hypothekenbriefe wählen, deren Zinsfuß in besseren Zeiten herabgesetzt werden kann, tritt das Bedürfniß bei einem hohen Course ein, so wird er den augenblicklichen niedrigen Zinsfuß gern acceptiren und unkündbare Pfandbriefe vorziehen. Er ist auf diese Weise in Zeiten politischer oder commercieller Krisen vor der traurigen Nothwendigkeit geschützt, Werthpapiere, die er nach dem Nennwerthe in Zahlung erhält, à tout prix zu verkaufen: er kann mit Hülfe der kündbaren Hypothekenbriefe sich für einen, den augenblicklichen Verhältnissen entsprechenden hohen Zinsfuß interimistischen Credit bis zu dem Zeitpunkte verschaffen, in welchem die Aufnahme einer unkündbaren Pfandbriefschuld mit geringeren Opfern zu ermöglichen ist.

Hieran reiht sich ein weiterer Vortheil. Wenn der Cours der Pfandbriefe erheblich sinkt, so wird der Grundbesitzer darauf bedacht sein, die auf seinem Grundstücke haftenden Pfandbriefe zurückzukaufen, um gegen dieselben Hypothekenbriefe einzutauschen; steigt der Cours, so wird er die Hypothekenbriefe einlösen und Pfandbriefe nehmen. In Folge hiervon wird einerseits bei dem durch mangelnde Nachfrage „des Publikums" veranlaßten Sinken der Pfandbriefcourse die Nachfrage „der Grundbesitzer" sich steigern, und so ein übermäßiges Sinken des

Courses verhütet, während andrerseits der Grundbesitzer durch die Möglichkeit, anstatt der Hypothekenbriefe Pfandbriefe zu erhalten, gegen einen zu hohen Zinsfuß der Hypothekenbriefe geschützt ist. So wird durch die Concurrenz beider Arten von Werthpapieren das Gleichgewicht zwischen Angebot und Nachfrage erhalten und jede erhebliche Coursschwankung der Pfandbriefe verhindert. — Für das Credit-Institut kann, so lange der Cours der Pfandbriefe unter pari ist, aus dem Umtausche ein Nachtheil nicht entstehen, da sowohl die Pfand- als die Hypothekenbriefe nach ihrem vollen Nennwerthe durch gleichnamige Hypotheken sicher gestellt sind, und die Haftung des Institutes bei beiden Arten von Schuldverschreibungen gleich ist.

Ferner werden bei den Versicherungen auf Pfandbriefe der zur Zeit der Cession der Hypothek zuletzt emittirten Anleihe (cf. oben I. Nr. 12.) dem Grundbesitzer die Amortisationsbeiträge erspart — ein Vortheil, der namentlich für diejenigen unter ihnen von Bedeutung ist, welche gezwungen sind, hinter den Pfandbriefen noch Handvesten (§. 34.) aufzunehmen und deshalb mit Anspannung aller Kräfte diese durch Amortisation ablösen müssen, bevor sie zur Entlastung ihres Grundbesitzes von den minder schweren Verpflichtungen übergehen.

Endlich wird der erste Beitritt zu der Association den Grundbesitzern wesentlich erleichtert: dieselben erleiden bei einem Course der Pfandbriefe unter pari zwar nicht einen definitiven Verlust (cf. §. 11.), wohl aber einen augenbicklichen Ausfall, welchen sie anderweitig decken müssen. Berücksichtigt man nun, daß sie außerdem bei der Aufnahme in die Association nicht unerhebliche Einlagen in den Reserve- und den Verwaltungsfonds*) zu leisten haben, so erhellt, daß ihnen häufig blos wegen des augenblicklichen Ausfalles die Verwandlung ihrer Hypothekenschulden in eine Pfandbriefschuld die größten Schwierigkeiten verursachen wird. Bei Zulassung der Hypotheken-Versicherungen und Hypothekenbriefe wird ihnen die Cours-Differenz erspart. Sie können die bestehenden Hypotheken zunächst in kündbare Hypothekenbriefe verwandeln und diese je nach ihren Kräften und dem Stande des Pfandbriefcourses allmählich in unkündbare Pfandbriefe umwandeln.

*) Zu den letzteren gehören — abgesehen von den Anmeldungsgebühren, welche $^1/_{10}$ pCt. des Darlehns zu betragen pflegen — namentlich die auf ein Vierteljahr vorauszuzahlenden Zinsen.

Andrerseits werden auch viele Capitalisten den Hypotheken-Versicherungen und kündbaren Hypothekenbriefen den Vorzug vor deu Pfand briefen geben, da die Kündbarkeit ihnen das Recht gewährt, schon vor Eintritt der Amortisation den vollen Nennwerth des Capitales zurückzufordern. Zwar haftet das Credit-Institut im Falle der Kündigung nicht als Selbstschuldner für die rechtzeitige Baarzahlung, wohl aber wird dem Gläubiger eine wichtige indirecte Garantie dadurch gewährt, daß der Grundbesitzer nach den Einrichtungen der Bank die Mittel zur pünktlichen Erfüllung sich mit Leichtigkeit beschaffen kann. Ist derselbe dennoch säumig, so kann der Gläubiger alle Weiterungen dadurch vermeiden, daß er, auf die Rechte aus der Kündigung verzichtend, gegen Cession seiner Hypothek die sofortige Zahlung „in Pfandbriefen" von dem Institute verlangt. Da die letzteren nach dem Nennwerthe amortisirt werden, so ist er gegen jeden Capitals-Verlust gesichert; nur der Rückzahlungstermin wird hinausgeschoben. Er kann aber auch die sofortige Einziehung fordern und ist durch die dem Institute obliegende Verpflichtung, die Realisirung für ihn zu übernehmen, der vielfachen Unbequemlichkeiten und Gefahren überhoben, welche dem Laien aus der Proceßführung und dem Subhastations-Verfahren erwachsen, und welche vorzugsweise den Mißcredit der Hypotheken herbeigeführt haben.

Gerade die Möglichkeit der Kündigung und der freien Vereinbarung des Zinsfußes, sowie der daran sich anschließende, unveränderliche Al-Paricours sind diejenigen Eigenschaften der Hypotheken, welche dieselben trotz ihrer großen Mängel in den Augen vieler und gerade derjenigen Capitalisten, die auf Stätigkeit der Capitals-Anlage das größte Gewicht legen und mithin den Grundbesitzern am meisten willkommen sein müssen, werthvoller erscheinen lassen, als selbst die besten Börsenpapiere. Die Einrichtungen des neu zu schaffenden Institutes gewähren die Möglichkeit, die bisherigen Mängel der Hypotheken zu beseitigen, ohne jene Vorzüge aufzugeben. — Nur dann wenn beides geschieht, wird den Grundbesitzern vollständig geholfen werden. Entsagt man ohne Noth den Vorzügen, so wird die Folge sein, daß die große Summe, welche gegenwärtig ausschließlich dem Grundbesitzer zur Disposition steht, in Zukunft ihm zum Theil entzogen wird und anderen Creditnehmern zufließt, welche gleiche Sicherheit bieten.

§ 28.

Die Emission von Banknoten.

Schuldverschreibungen erhalten durch die Zusicherung der „Rückzahlung zu jeder Zeit" die höchste Einziehbarkeit. Kommen durch das volle Vertrauen des Publicums, daß die Einlösung jeder Zeit erfolgen werde, die größte Sicherheit und durch die Ausstellung auf den Inhaber die höchste Uebertragbarkeit hinzu, so können sie mit Rücksicht auf die Wechselbeziehung zwischen den, den Werth regulirenden Factoren zinsfrei ausgestellt werden. Hierauf beruht die Theorie der Banknoten. —

Die Zusicherung „der jederzeitigen Einlösung gegen baares Geld" hat indeß nur dann Werth, wenn ihre Erfüllung durch das Vermögen des Schuldners sicher gestellt ist, d. h. wenn der letztere einen „zur Einlösung jeder Zeit" ausreichenden Baarfonds besitzt.

Dieser fehlt der in Aussicht genommenen Bank, da ihre Schuldverschreibungen nicht durch baare Einlagen, sondern durch Hypothekenforderungen sicher gestellt sind, deren Realisirung nicht in jedem Augenblicke möglich ist. Die Beleihung der Grundstücke mit Banknoten ist hiernach unbedingt abzulehnen. Zweifelhafter kann es erscheinen, ob nicht zur Erhöhung der durch die bankmäßige Verwaltung des Baarfonds zu erzielenden Erträge eine nach der Höhe des Reservefonds zu bemessende Noten-Emission zulässig sei. Allein auch dies ist zu verneinen: der Reservefonds kann durch Rückzahlung von Pfandbriefen Seitens der Grundbesitzer und durch Ausfälle der Bank vollständig erschöpft werden; es fehlt also die für jede Noten-Emission unentbehrliche Sicherheit, daß die Einlösung unter allen Zeitverhältnissen sofort erfolgen kann.

Die Emission von Noten darf nur dann gestattet werden, wenn die Bank einen entsprechenden Baarfonds hat, welcher den Einflüssen der Pfandbrief-Inhaber und der associirten Grundbesitzer vollständig entzogen ist. Die Bildung eines solchen Fonds würde die segensreiche Wirksamkeit der Bank wesentlich erhöhen:

Wenn von den in Nord-Deutschland zur Zeit existirenden Hypotheken im Betrage von 8- bis 10,000 Millionen Thalern auch nur

1000 Millionen in Pfandbriefe umgewandelt werden, so hat die Bank zu verwalten:*)

den Reservefonds mit 10 pCt. des Capitals also 100 Millionen,
ferner die praenumerando erhobenen Zinsen bis
zu der postnumerando erfolgenden Auszahlung
mit rot. . . . . 15 Millionen.

Sie arbeitet also, selbst wenn man von den Beständen des Verwaltungsfonds und von den laufenden Amortisationsbeiträgen absieht, mit einem Capitale von 115 Millionen Thalern. Rechnet man die Erträgnisse der bankmäßigen Verwaltung nur auf 5 pCt., so beläuft sich die jährliche Rein-Einnahme auf 5,750,000 Thlr. Würden nun von diesem Gewinne etwa 10 pCt. zur Bildung eines „eigenen Fonds" verwendet, so müßte in kürzester Frist sich ein Capital ansammeln, welches für den Grundbesitz und den ganzen Staat in Zeiten allgemeinen Unglückes einen unermeßlichen Werth hätte. Aus ihm und seinen Erträgen, welche durch eine alsdann unbedenklich zu gestattende Noten-Emission zu erhöhen wären, könnten bei Mißernten, Ueberschwemmungen und anderen Nothständen ganze Districte wesentlich unterstützt, und in politischen Krisen den einzelnen Provinzen, ja selbst dem Staate ein umfassender Credit gewährt werden. In Zeiten politischer Ruhe und socialen Wohlstandes würden die Einnahmen und Erträge, wenn ein Wachsen des Capitales nicht mehr erforderlich erscheint, durch Ausführung von Meliorationen, Canalisirungen und Deichbauten, durch Förderung landwirthschaftlicher Lehr-Institute, durch Errichtung von Muster-Wirthschaften ꝛc. eine den Interessen des gesammten Grundbesitzes entsprechende Verwendung finden.

D. Uebertragbarkeit.

§ 29.

Von noch größerer Wichtigkeit als die Einziehbarkeit ist die Uebertragbarkeit, da sie dem Gläubiger die Möglichkeit gewährt, seine

*) Wenn auch thatsächlich die Fonds von den einzelnen Pfandbrief-Instituten verwaltet werden müssen, so erstreckt sich doch in Folge der Association der Pfandbrief-Institute rechtlich die Verwaltung der Bank über die Fonds sämmtlicher Pfandbrief-Institute.

Forderung „zu jeder Zeit" ohne Nachtheil zu veräußern, dem Grundbesitzer aber den Credit, welcher ihm durch Einziehung der Forderung entzogen wird, conservirt.

Der Umfang der Uebertragbarkeit bestimmt sich nach dem Verhältnisse zwischen Angebot und Nachfrage: Je beschränkter das Angebot und je ausgedehnter die Nachfrage, desto leichter und vortheilhafter ist die Veräußerung.

Zur Beschränkung des Angebotes von Pfandbriefen dient vor Allem die Zulassung der Hypotheken-Versicherungen und Hypothekenbriefe, welche den Grundbesitzern die Möglichkeit gewähren, ihre Hypotheken den Cours-Schwankungen der Börsenpapiere ganz zu entziehen und ihnen den unveränderlichen al pari-Cours zu bewahren oder die Aufnahme von Pfandbrief-Darlehnen bis zum Eintritte gesteigerter Nachfrage hinauszuschieben. Die Concurrenz dieser Papiere wird einen um so wohlthätigeren Einfluß üben, je rascher die Credit-Vermittelung der Bank an Ausdehnung gewinnt, und je mehr deshalb bei Verwandlung aller Hypotheken in Pfandbriefe eine plötzliche Ueberfüllung des Geldmarktes mit Papieren der Bank zu fürchten wäre.

Das Angebot muß ferner richtig geregelt werden, indem die Bank für die Grundbesitzer die Placirung der Pfandbriefe auf Verlangen übernimmt: Ihre erheblichen Fonds, der große Umfang ihres bankmäßigen Geschäftsbetriebes muß sie nothwendig mit allen bedeutenden Banquiers und Geld-Instituten in Verbindung bringen. Dieser geschäftliche Verkehr wird es ihr leicht machen, zu jeder Zeit die Pfandbriefe nach denjenigen Plätzen zu dirigiren, an welchen sie augenblicklich am vortheilhaftesten zu begeben sind. Unter allen Umständen aber wird sie die Placirung unter günstigeren Bedingungen zu bewirken im Stande sein, als der in kaufmännischen Geschäften unbewanderte Grundbesitzer, dessen dringendes Angebot die Potentaten der Börse nur um so zurückhaltender macht.

Die Nachfrage gewinnt eine um so größere Ausdehnung,

1. an je mehr Börsen die Pfandbriefe verkäuflich sind;
2. je mehr an den einzelnen Börsen den Wünschen der Käufer Rechnung getragen wird.

Dem ersten Gesichtspunkte dienen

a) vor Allem die Vereinigung der Pfandbrief-Institute zu der

Bundes-Hypothekenbank (cf. § 12). Für die Nothwendigkeit dieser Vereinigung macht Bekker a. a. O. S. 39 zutreffend geltend: „nur den größten Capitalsuchern kann es gelingen, ihre Obligationen auf allen großen Capitals-Marktplätzen in Umlauf zu setzen. Keine einzelne amerikanische Bank und kein einzelner Staat hat eine erhebliche Quantität seiner Effecten auf den europäischen Capitalsmarkt herüberzuwerfen vermocht; den vereinigten Staaten ist dies sofort gelungen. Ebenso werden die Pfandbriefe der Preußischen Provinzial-Verbände oder deutschen Kleinstaaten stets auf einen eng umgrenzten Markt sich beschränkt sehen;" —

b) die Einrichtung von festen Agenturen, welche an den Börsen der größeren Plätze den Verkauf der Pfandbriefe, im Privatverkehr die Zahlung der Zinsen und — nach erfolgter Amortisation — der Capitalsbeträge vermitteln. Wenn an einzelnen Plätzen des Auslandes die Nachfrage größere Dimensionen gewinnt, so wird sich ferner

c) die Emission besonderer Anleihen in der Sprache und der Münze des Landes, auf welches dieselben berechnet sind, empfehlen. Hier dürfte alsdann vielleicht die bei Staatsanleihen nicht ungewöhnliche Form zu wählen sein, daß die Bank mit einzelnen Capitalisten oder Geld-Instituten des Auslandes wegen Uebernahme der Anleihe zu einem bestimmten Course contrahirt.

Dem zweiten Gesichtspunkte „an den einzelnen Börsen möglichst viele Käufer zu finden," wird Rechnung getragen:

a) durch die Berücksichtigung der verschiedenen Wünsche in Betreff der Sicherheit, der Einziehbarkeit und des Nutzens: Der Eine verlangt eine vollständig sichere Rente, wenn auch das Capital vielleicht nie oder erst nach langer Zeit rückzahlbar ist; der Andere verzichtet gern auf die höchste Sicherheit, wenn die Amortisation rascher bewirkt wird. Ein Dritter zieht die Sicherheit des Capitals, ein Vierter die Höhe der Rente vor; ein Fünfter verlangt gar keine Rente, sondern Gewinn am Capital 2c. — Hiernach sind nicht alle Pfandbriefe gleichartig, sondern die einzelnen Anleihen mit möglichst großen Variationen auszustellen. Bei kleinen selbstständigen Instituten, deren Schuldverschreibungen in weiteren Kreisen unbekannt sind, empfiehlt diese Ungleichartigkeit sich nicht, da sie das Bekanntwerden der Papiere erschwert und so den Cours drückt. Bei einem Institute aber, wie die projectirte Bank, ist sie das beste, ja das unentbehrliche Mittel, um die Ueberfüllung einzelner Märkte mit gleichartigen Papieren und das Mißverhältniß zwischen Nachfrage und Angebot zu verhüten;

b) die Rücksichtnahme auf die verschiedenen Kräfte und Bedürfnisse der einzelnen Käufer. Namentlich sind kleinere appoints (von 25 Thlr. und 10 Thlr.) wünschenswerth; der Mehraufwand an Verwaltungskosten, welchen sie verursachen, wird durch den verhältnißmäßig höheren Cours, zu welchem die associirten Grundbesitzer sie verwerthen können, ausgeglichen. Den ärmeren Volksklassen aber wird für ihre Ersparnisse eine Capitals-Anlage von vorzüglicher Sicherheit gewährt.

E. Nutzen.

§ 30.

Hinsichtlich des Nutzens gehen die Interessen der Gläubiger und der Schuldner nothwendig am weitesten auseinander, da jene möglichst viel verdienen, diese möglichst wenig zahlen wollen. Deshalb muß die Bank hier vorzugsweise vermittelnd eintreten und dadurch, daß sie in allen übrigen Beziehungen den Wünschen der Gläubiger möglichst entspricht, den Grundbesitzern den billigsten Zinsfuß sichern. Sie muß also

1. den Nutzen in der Form gewähren, welche den Capitalisten die erwünschteste ist;
2. in Beziehung auf Sicherheit und Realisirbarkeit
   a) ihren Werthpapieren alle diejenigen Eigenschaften geben, welche den Gläubigern zum Vortheil gereichen, ohne die Interessen der Grundbesitzer zu verletzen;
   b) da, wo die Interessen beider auseinander gehen, mit Hülfe der zwischen den Werthsfactoren bestehenden Wechselbeziehung eine Ausgleichung herbeiführen.

§ 31.

Prämien=Pfandbriefe.

Die Verschiedenheit der Formen, in welchen der Nutzen gewährt werden kann (cf. § 16), hat auf die Verpflichtung der Grundbesitzer keinen Einfluß, da der Capitalsgewinn durch Capitalisirung der Zinsen gebildet wird. Bei den Creditgebern ist aber gerade die in Gestalt von Prämien-Verloosungen vorkommende Form des Capitalsgewinnes sehr beliebt. Es gereicht mithin den Grundbesitzern zum Vortheil, wenn auch diese Form gewährt wird.

In der Gestattung von Prämien-Pfandbriefen liegt allerdings die Concession zu einem Lotteriespiele, und vom sittlichen Standpunkte ist die Beschränkung des letzteren gewiß nur zu billigen. Dieselbe ist aber hinsichtlich des Verkehrs in Börsenpapieren nicht durchzuführen. In Europa existiren über 150 Prämien-Anleihen zu einem Gesammtbetrage von mehr als 4000 Millionen Thalern. Ihr Cours an der Berliner Börse ist durchschnittlich um 10—20 pCt. höher, als der Cours der einfachen Zinspapiere, welche von denselben Körperschaften zu dem durch die Summe der Prämien repräsentirten Zinsfuße ausgegeben sind — ein Beweis, daß die Nachfrage weit größer ist als das Angebot. Man lege nur das Verhältniß unserer eigenen Staatsanleihen zu Grunde: Die $4^1/_2$ pCtigen Anleihen haben gegenwärtig einen Cours von 97—$97^1/_2$, die Prämien-Anleihe von 1855, welche bei Reduction der Prämien auf einen bestimmten Zinsfuß ebenfalls $4^1/_2$ pCtig ist, hat einen Cours von 116—117, steht also $18^1/_2$ bis 20 pCt. höher. Wenn nun die Nachfrage der Capitalisten Norddeutschlands nach Prämien-Papieren größer ist, als das Angebot norddeutscher Institute, so finden ausländische Papiere bei uns einen ausgedehnten Markt. Der Vortheil aus dem niedrigen Zinsfuße kommt also dem Auslande zu statten, welches in Form der Prämien-Papiere den ihm in Preußen und anderen gut situirten Großstaaten aus dem Verbote der Circulation von ausländischem Papiergelde erwachsenen Nachtheil in geschicktester Weise wieder auszugleichen gewußt hat. Denn eine Anleihe von 5 Millionen in $4^1/_2$ pCtigen Prämien-Papieren repräsentirt nach dem Cours- (d. h. dem thatsächlich zu erlangenden)

Werthe dieselbe Summe, wie eine Anleihe von 5 Mill. in $4^1/_2$ pCtigen Zinspapieren und 1 Million Papiergeld. Erwägt man nun, daß notorisch England und die Niederlande an den Lotterie-Anleihen fast gar nicht betheiligt, daß also in Norddeutschland von jenen 4000 Millionen sicherlich wenigstens 300—400 Millionen placirt sind, so erhellt, daß Norddeutschland dem Principe „das Lotteriespiel möglichst zu beschränken" jährlich wenigstens 2—3 Millionen allein an Zins-Verlust opfert. Dies ist aber nicht der einzige Nachtheil: Die schlechtesten Zahler pflegen bei Contrahirung der Schulden den Neigungen der Gläubiger am meisten entgegen zu kommen, und so ergiebt denn auch hier die nähere Prüfung, daß viele Prämien-Anleihen eine fast nur nominelle Sicherheit gewähren. Die Folge davon sind erhebliche Cours-Schwankungen und Capitals-Verluste; gerade hierdurch aber wird das Lotteriespiel zum gefährlichen Hazard. Ist einmal der Staat nicht im Stande, das Uebel des Prämienspieles zu unterdrücken, so erscheint es als seine Aufgabe dasselbe dadurch zu mildern, daß er sichere Prämien-Papiere schafft und mit dem Vortheile des niedrigen Zinsfußes nicht dem Auslande, sondern seinen Bürgern hilft. Beides würde durch Emission von Prämien-Pfandbriefen erreicht werden. —

Für Prämien-Papiere sind zwei Formen üblich:

1. Ein Theil der Zinsen wird zur Prämien-Verloosung capitalisirt, und ein Theil an den Fälligkeitsterminen gezahlt — gemischte Prämien-Papiere —;
2. sämmtliche Zinsen werden capitalisirt und als Prämien ausgeloost — Prämienloose —.

Beide Formen erscheinen auf Pfandbriefe an und für sich anwendbar: Alle Prämien-Papiere sind Speculations-Papiere, bei denen auf Sicherheit weniger Gewicht gelegt wird, als auf den in Aussicht gestellten Gewinn; bei Prämienloosen ist dies wiederum im höheren Grade der Fall als bei gemischten Prämien-Papieren. Hiernach können die gemischten Prämien-Papiere unmittelbar hinter den reinen Zinspapieren, aber noch innerhalb der für die Beleihung unter Garantie der Bank festgesetzten Grenze ausgegeben werden, während die Prämienloose an erster Stelle außerhalb der Beleihungsgrenze haften würden, und die Grundbesitzer gegen Befreiung von den Verpflichtungen aus der Solidarhaft einen Zinszuschlag von $^1/_4$ pCt. zu entrichten hätten. Bei den gemischten Prämien-Papieren sind ähnlich wie bei der Preußischen Staats-Prämien-Anleihe 2/3 bis 3/4 der Zinsen an den Fälligkeitsterminen baar auszuzahlen, der Ueberrest als Prämien zu verloosen. Bei den Prämienloosen dagegen würde am Schluße eines jeden Jahres der nach Abzug etwaiger Ausfälle vorhandene Zinsenfonds nebst den aus dessen Verwaltung während des Jahres erzielten Erträgnissen nach einem bestimmten Plane zu verloosen sein, so daß die Gläubiger für den erwähnten Zinszuschlag, also gegen eine fixirte Versicherungsprämie von 1/4 pCt. die etwaigen Zins- oder Capitals-Ausfälle zu übernehmen hätten. Nach der im Börsen-Verkehr herrschenden Strömung würden derartige Loose voraussichtlich einen hohen Cours erreichen und binnen kurzem die zahlreichen ausländischen Loose von unseren Börsen verdrängen. Dennoch wird nur die 1ste Form zu gewähren sein, bei welcher blos ein kleiner Theil der Zinsen auf das Spiel verwendet wird. Viele inländische Capitalisten werden, wenn man ihnen in dieser milderen und wirthschaftlicheren Form die Möglichkeit einer mäßigen Speculation eröffnet, sich von dem reinen Lotteriespiel der Prämienloose fern halten. Die Heranziehung derjenigen aber, bei denen dies nicht der Fall ist, hat für die Grundbesitzer einen sehr zweifelhaften Werth, da ihre vorwiegende Neigung zur Speculation fast mit Nothwendigkeit zu häufigen und erheblichen Cours-Schwankungen, die dem Grundbesitzer immer zum Nachtheil gereichen, Veranlassung geben wird.

§ 32.

Regelung des Zinsfußes.

Zinspapiere kommen an den Börsen namentlich in zwei Formen vor:

1. die Zinsen sind fixirt (Staatspapiere, Prioritäten 2c.);
2. der Zinsfuß wechselt, je nach den Erträgen, welche der Schuldner erzielt (Bank- und Stammactien 2c.).

Bekker*) hält auch die letztere Form bei Pfandbriefen für vortheilhaft und wünscht deren Einführung namentlich für städtische Grundstücke. Allein abgesehen davon, daß wenigstens nach den diesseitigen Vorschlägen es nicht möglich sein würde, städtische und ländliche Grund-

*) a. a. O. S. 6 u. 9.

stücke mit verschiedenen Papieren zu beleihen, erscheint diese Form auch an sich nicht unbedenklich: Einerseits setzt sie eine sehr genaue Controlle der Einnahmen voraus, welcher die Grundbesitzer höchst ungern sich unterwerfen werden; andrerseits bietet sie für die Grundbesitzer wieder eine dringende Verlockung mehr zur Abschließung simulirter Mieths- und Pacht-Verträge. Dazu kommt, daß sie mit der Natur der Pfandbriefe nicht im Einklange steht, da letztere ihre Sicherheit durch die Fonds der Bank erhalten, bei welchen der wechselnde Ertrag der beliehenen Grundstücke nicht berücksichtigt werden kann.

Hiernach werden nur Schuldverschreibungen mit fixirtem Zinsfuße zu emittiren sein. Derselbe ist so zu regeln, daß unter gewöhnlichen Zeitverhältnissen ein alpari-Cours erwartet werden darf, da bei einem Stande über pari die Belastung der Grundstücke über den festgesetzten Bruchtheil der Taxe hinausreicht, die Sicherheit also geschmälert wird, bei einem Course unter pari aber der Zweck, den Grundbesitzern die Belastung ihrer Grundstücke bis zu jenem Bruchtheile zu ermöglichen, nicht vollständig erreicht wird.

Zur Ermöglichung des billigsten Zinsfußes müssen mit Rücksicht auf die Wechselbeziehung zwischen den Werthsfactoren zunächst alle diejenigen Einrichtungen getroffen werden, welche die Sicherheit und Realisirbarkeit der Pfandbriefe erhöhen, ohne den Interessen der Grundbesitzer zuwider zu laufen. Dahin gehören:

1. in Beziehung auf die Sicherheit und Realisirbarkeit: die Association der Pfandbrief-Institute zu einem ganz Norddeutschland umfassenden Bank-Systeme (§ 22. II.) und die Sicherstellung der Amortisation durch den Reservefonds (§ 23.);
2. in Beziehung auf die Sicherheit: eine der strengsten Solidität entsprechende Verfassung und Verwaltung (§§ 17—20.), Beschränkung der Bepfandbriefung auf die im § 22. festgestellte äußerste Beleihungsgrenze, ein ausreichender Reservefonds mit Rückversicherung und event. Repartition der Ausfälle (§ 23.), die Bildung eines eigenen Fonds (§ 28.);
3. in Beziehung auf die Realisirbarkeit: die Fixirung der Anleihen auf bestimmte Summen, die Amortisation durch Auslosung (§ 24.), die Ausschließung der Amortisation für den einen, Verstärkung derselben für den anderen Theil der Pfand-

briefe (§ 26.), die Einführung von Hypotheken-Versicherungen und kündbaren Hypothekenbriefen (§ 27.), die Einrichtung von Agenturen an allen größeren Orten, und die Emission auch kleiner Appoints (§ 28).

Ferner muß da, wo die Interessen collidiren, eine Ausgleichung bewirkt werden. Eine Collision tritt ein:

I. hinsichtlich der Beleihungsgrenze, indem viele Capitalisten die höchste Sicherheit, viele Grundbesitzer die weiteste Ausdehnung der Beleihung verlangen;

II. hinsichtlich der Amortisation, da ein Theil der Capitalisten baldige Rückzahlung, ein Theil der Grundbesitzer langen Credit fordert.

Bei der Ausgleichung ist zu berücksichtigen:

a) daß diejenigen Capitalisten, welche gegen einfachen Zins Credit bewilligen, auf Sicherheit mehr Gewicht legen, als diejenigen, welche auf Capitals-Gewinn speculiren;

b) daß bei den einfachen Zinspapieren um so größere Sicherheit beansprucht wird, von je längerer Dauer die Credit-Bewilligung ist, und daß deshalb, um den allseitigen Wünschen entsprechen zu können, dem Grundbesitzer verschiedene Werthpapiere zur Disposition zu stellen sind, nämlich:

  a) solche, bei denen die höchste Sicherheit gegen eine geringere Realisirbarkeit;

  b) solche, bei denen die möglichste Realisirbarkeit gegen geringere Sicherheit gewährt wird;

  c) solche, welche Sicherheit und Realisirbarkeit gleichmäßig berücksichtigen und in Beziehung auf beide Werthsfactoren in der Mitte zwischen den Classen zu a und b stehen.

Hiernach würden folgende Formen der Anleihen sich empfehlen:

I. Zinspapiere, haftend innerhalb der, der strengsten Depositalmäßigkeit entsprechenden Beleihungsgrenze (Capitals-Sicherheit: bei Liegenschaften das $16^1/_2$fache der Grundsteuertaxe, bei Gebäuden die aus dem $8^1/_3$fachen Betrage der Gebäudesteuer-Taxe und dem Drittel des Feuerversicherungs-Werthes zu gewinnende Durchschnittssumme; Zinssicherheit: bei Liegenschaften die Hälfte des jährlichen Ertrages, bei Gebäuden $^{1}/_{3}$ des jährlichen Nutzungswerthes — cf. § 22).

II. Prämienpapiere, haftend innerhalb der weiteren, der pupillarischen Sicherheit entsprechenden Beleihungsgrenze (Capitals-Sicherheit: bei Liegenschaften das $16^{2}/_{3}$fache der Grundsteuer-Taxe, bei Gebäuden die aus dem $12^{1}/_{2}$fachen Betrage der Gebäudesteuer-Taxe und der Hälfte des Feuer-Versicherungswerthes zu gewinnende Durchschnitts-Summe; Zins-Sicherheit: bei Liegenschaften der Jahres-Ertrag; bei Gebäuden $^{2}/_{3}$ des jährlichen Nutzungswerthes).

Bei den Zinspapieren wiederum:

A. Rentenbriefe, haftend innerhalb der 1sten Hälfte der zu I. erwähnten Beleihungsgrenze, nicht amortisationsfähig;

B. Pfandbriefe I. Serie, mit gleicher Priorität wie die Rentenbriefe, innerhalb 90 Jahren zu amortisiren;

C. Pfandbriefe II. Serie, haftend innerhalb der ganzen Beleihungsgrenze zu I., ohne jede Abstufung der Priorität, binnen 60 Jahren zu amortisiren;

D. Pfandbriefe III. Serie haftend hinter den Rentenbriefen resp. Pfandbriefen I. Serie innerhalb der 2ten Hälfte der Beleihungsgrenze zu I., binnen 30 Jahren zu amortisiren.

Jede anderweitige Regelung der den einzelnen Arten von Zinspapieren einzuräumenden Priorität würde zum Nachtheile der Grundbesitzer gereichen. Wollte man z. B. die Rentenbriefe und die Pfandbriefe III. Serie mit gleicher Priorität ausgeben, so würde bei den Rentenbriefen mit Rücksicht darauf, daß die fast absolute Sicherheit, welche gerade bei diesen Papieren eine hervorragende Bedeutung hat, geschmälert ist, ein höherer Zinsfuß bewilligt werden müssen, während bei den Pfandbriefen ein niedrigerer Zinsfuß nicht erzielt würde, da wegen der größeren Einziehbarkeit auf die höhere Sicherheit kein Gewicht gelegt wird.

Neben den Prämien-Anleihen werden Pfandbriefe IV. Serie auszugeben sein, um nicht die Grundbesitzer zu zwingen, die Darlehns-Valuta in Prämien-Papieren anzunehmen.

Durch die Emission dieser verschiedenen Anleihen wird die Ueberfüllung des Geldmarktes mit Papieren gleicher Art verhütet, gleichzeitig aber allen Wünschen der Gläubiger in Beziehung auf Sicherheit und Realisirbarkeit Rechnung getragen, und so den Grundbesitzern der billigste Zinsfuß gesichert. Die Rentenbriefe und die Pfandbriefe der ersten drei Serien gewähren gleiche Vortheile, da die Verschiedenheiten der Sicherheit und Realisirbarkeit sich wechselseitig ausgleichen; sie werden daher alle denselben Zinsfuß erhalten können. Dagegen dürfte sich bei den Pfandbriefen der IV. Serie mit Rücksicht auf die geringere Sicherheit eine mäßige Erhöhung des Zinsfußes empfehlen.

§ 33.

Verhältniß der verschiedenen Anleihen zu den Fonds.

Diejenigen Hypothekenforderungen, welche den Prämienpapieren als Unterlage dienen, gewähren nach § 22 nicht mehr die höchste erreichbare Sicherheit; auf der anderen Seite wird bei ihnen auf Sicherheit weniger Gewicht gelegt, als bei gewöhnlichen Zinspapieren. Deshalb sind die Fonds für die Rentenbriefe und Pfandbriefe der ersten drei Serien von den Fonds für die Prämienpapiere vollständig zu trennen. Durch diese Trennung wird jede Prägravation der Grundbesitzer, welche ihr Besitzthum nicht bis zur äußersten Beleihungsgrenze belastet haben, verhütet, und den Zinspapieren die höchste Sicherheit gewährt, ohne daß der Cours der Prämienpapiere leidet.

Diejenigen Hypothekenforderungen dagegen, auf Grund deren die Rentenbriefe und Pfandbriefe der ersten drei Serien ausgefertigt werden, gewähren sämmtlich die höchste erreichbare Sicherheit.

Wenn dennoch zwischen den Rentenbriefen und den Pfandbriefen I. Serie einerseits und den Pfandbriefen III. Serie andererseits eine Abstufung der Priorität in Vorschlag gebracht ist, so rechtfertigt sich dies dadurch, daß gerade die der Amortisation entzogenen oder erst nach langer Zeit zu amortisirenden Werthpapiere wegen der langen Dauer der Creditbewilligung vorzugsweise für einen weiten Markt sich eigenen, auf welchem bei dem Mangel einer speciellen Kenntniß von den Werthsverhältnissen Norddeutschlands weit größere Ansprüche an Sicherheit erhoben werden, als sie demjenigen, der die Verhältnisse näher kennt, geboten erscheinen. Den inländischen Capitalisten können die associirten Grundbesitzer den besten Beweis, daß die Abstufung nicht in einem auf ihrer Seite liegenden Zweifel an der Sicherheit begründet ist, dadurch geben, daß sie dieselbe auf den Hypothekenfonds beschränken und für die sämmtlichen Zinspapiere einen zunächst haftenden gemeinschaftlichen Reservefonds bilden. Die Sicherheit der Pfandbriefe II. und III. Serie wird dadurch außer Zweifel gestellt, die Sicherheit der Rentenbriefe und Pfandbriefe I. Serie aber nicht beeinträchtigt. Dem entsprechend sind für den Hypothekenfonds 4 Abtheilungen zu bilden, je nachdem die Hypothekenforderungen zur Sicherheit

1. der Rentenbriefe und Pfandbriefe I. Serie,
2. der Pfandbriefe II. Serie,
3. der Pfandbriefe III. Serie,
4. der Prämien-Pfandbriefe und Pfandbriefe IV. Serie

dienen. Innerhalb der einzelnen Abtheilungen haften sämmtliche Hypothekenforderungen für alle Pfandbriefe der im Laufe der Zeit zu emittirenden verschiedenen Anleihen.

Der Reservefonds dagegen zerfällt in zwei Abtheilungen, nämlich in

1. den Reservefonds für die Rentenbriefe und die Pfandbriefe der ersten drei Serien,
2. den Reservefonds für die Prämien-Pfandbriefe und die Pfandbriefe IV. Serie.

Der Amortisationsfonds endlich wird für jede Anleihe besonders gebildet.

F. Ausdehnung der Creditvermittelung auf nicht pupillarisch sichere Hypotheken.

§ 34.

In noch höherem Maße als bei den pupillarisch sicheren Hypotheken gereicht die Concurrenz der Börsenpapiere den Grundbesitzern bei nicht pupillarisch sicheren Hypotheken zum Nachtheile. Deshalb werden die Credit-Institute ihre Aufgabe erst dann vollständig erfüllen, wenn sie auch hier eine Erleichterung gewähren.

Die bestehenden Credit-Verbände haben letzteres bisher nicht versucht; dagegen ist in dem „Nachtrage zu dem Statute des Berliner

Pfandbrief-Institutes"*) die Lösung der Aufgabe dadurch angestrebt, daß das Institut ermächtigt wird, die bis zur zulässigen Höhe bepfandbriefsten Grundstücke innerhalb weiterer $^2/_5$ ihres Werthes mit Handvesten, d. h. mit kündbaren Schuldverschreibungen zu beleihen, durch welche der Credit-Verband sich verpflichtet, „die verschriebenen Capitalien aus seinen eigenen Fonds zu verzinsen und nach einem bestimmten Plane zu amortisiren, im Falle der vor beendeter Amortisation eintretenden Kündigung aber aus dem Werthe einer bestimmten Hypothek zurückzuzahlen."

Die hier projectirten Schuldverschreibungen stehen in der Mitte zwischen Pfandbriefen und Hypotheken; sie gewähren die Vortheile der ersteren und beseitigen die Mängel der letzteren in soweit, als dies mit Rücksicht auf den Grad der Sicherheit, welcher den ihnen als Unterlagen dienenden Forderungen beiwohnt, überhaupt möglich ist.

Wie für die Sicherheit der Pfandbriefe, so bürgt auch für die Sicherheit der Handvesten zunächst die Verfassung und Verwaltung des Institutes, welches nur creditfähige Grundstücke beleiht, die Erhaltung des Werthes controllirt und die allmähliche Rückzahlung durch Capitalisirung von Amortisationsbeiträgen vermittelt.

Die Garantie des Hypothekenfonds ist aufgegeben, weil die nicht pupillarisch sicheren Hypotheken nicht mehr eine unter allen Zeitverhältnissen ausreichende Sicherheit gewähren, und deshalb der den Gläubigern aus jener Garantie erwachsende Vortheil hinter die den Grundbesitzern drohende Gefahr weit zurücktritt.

Für jede einzelne Handveste haftet nur eine specielle Hypothekenforderung des Institutes von gleichem Betrage. Dieser wesentliche Unterschied von den Pfandbriefen mußte eine Reihe von Consequenzen nach sich ziehen: die Handvesten können keine Börsenpapiere sein, da die Garantie eines allgemein bekannten Schuldners fehlt — § 7 —; sie müssen das verpfändete Grundstück und den persönlich haftenden Schuldner nachweisen, weil von deren Eigenschaften die Sicherheit abhängt; sie müssen kündbar sein, weil sie auf dem Credite von Privatpersonen und der Leistungsfähigkeit einzelner Grundstücke beruhen, welche

---

*) Abgedruckt im Communalblatte der Haupt- und Residenzstadt Berlin, Jahrg. VII. Nr. 19 v. 12. Mai 1867, Beilage X.

dem Wechsel unterworfen sind; der Zinsfuß muß der freien Vereinbarung unterliegen, weil die mit demselben in Wechselbeziehung stehende Sicherheit bei den einzelnen Verschreibungen verschieden ist; das Institut muß bei allen Dispositionen über die Forderungen, bei Kündigungen, Fristbewilligungen ꝛc. an die Einwilligung des Gläubigers gebunden sein, da dieser allein von den Folgen derselben betroffen wird.

Der Reserve- und der Amortisationsfonds sind beibehalten. Die Amortisation wird jedoch — entsprechend dem Wegfalle der Capitals-Garantie — nur in der Weise sicher gestellt, daß das Institut den Schuldner zur Bildung eines Ablösungs-Capitales anhält und bei eintretendem Verzuge die Forderung einzieht. Von dem dreifachen Zwecke des Reservefonds — § 23 — ist der erste, „Verhütung des Rückgriffes auf den Hypothekenfonds", mit diesem Fonds selbst weggefallen; ebenso der zweite, „die Sicherstellung der Amortisation" mit dem Wegfalle Capitals-Garantie; dagegen ist ihm der dritte Zweck, „Sicherstellung der pünktlichen Zinszahlung", im vollen Umfange verblieben. Den associirten Grundbesitzern kann aus dieser beschränkten wechselseitigen Bürgschaft eine Gefahr nicht erwachsen, da das Guthaben des einzel-Schuldners an dem Reserve- und dem Amortisationsfonds nur in den seltensten Fällen zur Deckung etwaiger Zinsrückstände nicht vollständig ausreichen wird.

Die Einziehbarkeit ist in Form der Amortisation durch Ansammlung und Capitalisirung von laufenden Spar-Einlagen, ferner aber in Form der Kündigung gewährt. Bei der letzteren ist das Credit-Institut wegen der wegfallenden Capitals-Garantie nur verpflichtet, die Forderung einzuziehen und das bei der Subhastation auf dieselbe fallende Percipiendum an den Gläubiger abzuführen; eine Baarzahlung aus eigenen Mitteln liegt ihm nicht ob.

Auf die Uebertragbarkeit ist zunächst durch die der Form der Pfandbriefe möglichst nachgebildete einfache Fassung der Schuldverschreibungen Bedacht genommen. Dieselben ergeben alles, was zur Beurtheilung des Werthes der Forderungen erforderlich ist, namentlich den Ausfall der Taxe, die Summe der mit besseren oder gleichen Vorrechten eingetragenen Hypotheken und den Zinsfuß; im übrigen enthalten sie nur ein Attest des Institutes, daß das Document über die haftende Hypotheken-Forderung in seiner Verwahrung sich befindet.

Ferner ist die Form der Uebertragung nach Möglichkeit erleichtert: die Ausstellung auf den Inhaber konnte sich wegen der Verpflichtung des Institutes, dem Grundbesitzer von allen Dispositionen Kenntniß zu geben und wegen der Kündbarkeit nicht empfehlen. Dagegen ist das beglaubigte Giro als Grundlage für die Eintragung des Eigenthums-Ueberganges in die Bücher des Institutes zugelassen, wobei jedem Erwerber, der auf die Erlangung jener Kenntniß kein Gewicht legt, durch die Form des Blancogiro's die Möglichkeit gewährt wird, den Schuldverschreibungen die Natur eines Inhaber-Papieres zu geben. — Endlich wird durch Ausfertigung von verhältnißmäßig kleinen Appoints den Grundbesitzern eine größere Zahl von Creditgebern zugeführt.

Die Sicherheit, Realisirbarkeit und Uebertragbarkeit der Handvesten sind hiernach größer als die der gewöhnlichen Hypotheken-Forderungen, geringer als die der Pfandbriefe. Vor den letzteren gewähren sie aber diejenigen Vortheile, welche die Hypothekenforderungen vor allen Börsenpapieren auszeichnen, nämlich die Möglichkeit einer freien Vereinbarung des Zinsfußes, die Kündbarkeit und den al pari-Cours. —

Hiernach ist von der allgemeinen Einführung der Handvesten eine wesentliche Erleichterung für die Grundbesitzer zu hoffen. Namentlich wird die Zahl der Kündigungen abnehmen, da dem Gläubiger durch die Zinsgarantie die regelmäßige Zahlung der Zinsen, und durch die Ansammlung eines Amortisations-Capitals die künftige Rückzahlung der creditirten Summe gesichert ist, während ihm im Falle der Kündigung und der daran sich anschließenden Subhastation ein Ausfall am Capital in Aussicht steht. Andererseits wird durch die dem Institute obliegende Verpflichtung, die Einziehung der gekündigten Forderung für den Gläubiger zu übernehmen, dem letzteren die eigene Einziehung erspart, und damit eine der wesentlichsten Ursachen der Abneigung gegen alle Hypotheken beseitigt. — Gerade diese beiden Hauptvortheile sind nur durch die Vermittelung der Credit-Institute zu erreichen und werden den Handvesten den Vorzug vor gewöhnlichen Hypotheken selbst dann noch sichern, wenn es gelingen sollte, durch eine Reform der Gesetzgebung die Schwerfälligkeit des Hypotheken-Verkehrs zu beseitigen.

Das einzige, in Beziehung auf den Statuten-Entwurf bisher laut gewordene Bedenken ist gegen die demselben zu Grunde gelegte Construction des Handvesten-Contractes als eines Darlehns gerichtet. Dasselbe erscheint in sofern begründet, als die Handvesten speciell bestimmte Forderungsrechte sind, während nur fungibele Sachen Gegenstand eines ungemischten Darlehns sein können. Von diesem strengen Begriffe des Darlehns ist man indeß bereits mehrfach abgewichen. Die Pfandbriefe älterer Form, in welchen neben der General-Hypothek der Landschaft mit einem speciell bestimmten Grundstücke Hypothek bestellt ist, sind ebenso wenig als die Handvesten fungibele Sachen, und dennoch hat man die Credit-Bewilligungen in Form jener Pfandbriefe stets als Darlehne aufgefaßt. Wie bei ihnen die gemischte Natur des Rechtsgeschäftes durch den zusammengesetzten Begriff „Pfandbrief-Darlehn" angedeutet wird, so verhütet der vorliegende Statuten-Entwurf ein Mißverständniß über den Charakter des Rechtsgeschäftes durch den zusammengesetzten Begriff „Darlehn in Handvesten." — Jedenfalls würde durch eine einfache Aenderung des Ausdruckes dem Mangel abgeholfen werden können, und vielleicht im Gegensatz zu der „Hypotheken-Versicherung" des § 27 die Bezeichnung des Rechts-Geschäftes als „Zins-Versicherung" sich empfehlen, zumal die Zins-Garantie die wesentlichste materielle Verpflichtung ist, welche dem Credit-Institute aus dem Handvesten Contracte erwächst.

G. Verhältniß der Norddeutschen Bundes-Hypothekenbank zu den einzelnen Pfandbrief-Instituten.

§ 35.

Für die Regelung des Verhältnisses der Bank zu den einzelnen Pfandbrief-Instituten wird als leitender Gesichtspunkt festzuhalten sein, daß diejenige Verfassung einer Corporation die beste ist, welche den einzelnen Mitgliedern jede ohne Schädigung des einheitlichen Zweckes mögliche Selbstständigkeit gewährt (§ 12.):

1. Die Bank bezweckt, für die Hypothekenschulden sämmtlicher Grundbesitzer Norddeutschlands eine einheitliche Garantie zu schaffen. — Deshalb müssen alle Normen, welche die Rechtsverhältnisse der Bank zu ihren Gläubigern regeln, für die einzelnen associirten Verbände bindend sein. Dahin gehören die Bestimmungen über die Beleihungsgrenze, über die Bildung und Höhe des Reservefonds, über

die Art der Amortisation, über die Formen der Credit-Vermittelung, insbesondere über die verschiedenen Arten der Anleihen, über die Zulassung von Hypotheken-Versicherungen 2c.

Dagegen bleiben alle Bestimmungen, welche das Verhältniß der Genossen zu einander regeln, als Gegenstand freier Vereinbarung den Statuten der einzelnen Pfandbrief-Institute vorbehalten. Hierher gehören namentlich die Festsetzungen über die Organisation der Verbände, über die Einziehung der den Grundbesitzern obliegenden Leistungen, über die Art der Verwaltung des Baarfonds, über die Sicherstellung des Reservefonds durch Rückversicherung und Repartition der Ausfälle, über die Förderung der Kreisgenossenschaften zur Hebung des Personal-Credites (§ 15.) 2c.

2. Die Bank muß zur Erreichung ihres Zweckes die Vertretung der sämmtlichen associirten Verbände übernehmen und als Selbstschuldnerin für die im Interesse derselben contrahirten Schulden haften. Sie hat die etwaigen Ausfälle auf die einzelnen Verbände, bei welchen sie entstanden sind, zu repartiren. — Hiernach regelt sich der Geschäfts-Verkehr: das Directorium der Bank fertigt von jeder emittirten Anleihe den einzelnen Verbänden diejenige Zahl von Schuldverschreibungen zu, welche mit Rücksicht auf die eingegangenen Meldungen verlangt wird. Jeder Verband hat allmonatlich den Rechnungs-Abschluß unter Beifügung der etwa eingelösten Zinscoupons und Pfandbriefe an die Bank einzureichen, welche die Ausgleichung der Rechnung unter den associirten Verbänden herbeiführt. Die nach den Jahres-Abschlüssen an den eigenen Fonds (§ 28.) zu leistenden Beiträge gehen in die unmittelbare Verwaltung der Bank über, da sie den Interessen des gesammten Grundbesitzes dienen. Das Direetorium der Bank ist zu jeder Zeit zu außerordentlichen Revisionen bei den associirten Instituten berechtigt und hat über seine Geschäftsführung der aus Deputirten der Institute gebildeten General-Versammlung Rechnung zu legen.

3. Die Bank soll nicht einzelnen Landestheilen oder einzelnen Klassen von Grundbesitzern, sondern dem gesammten Grundbesitze zum Vortheile gereichen. Deshalb darf keinem Credit-Verbande, dessen Statut von dem Bundes-Präsidium genehmigt ist, und der bereit ist, dem Statute der Bank sich zu unterwerfen, die Aufnahme in die Association versagt werden. Erstreckt sich jedoch der Verband nicht über

eine ganze Provinz, oder beschränkt er sich auf bestimmte Classen von Grundstücken (adelige Güter, Liegenschaften, Gebäude), so muß er zunächst mit den übrigen Pfandbrief-Instituten seiner Provinz nach denselben Grundsätzen, auf welchen die Bank beruht, in ein Gesammt-Bürgschafts-Verhältniß treten, damit nicht durch den Beitritt kleiner Genossenschaften aus der subsidiären Haftungspflicht eine Gefahr für die Provinzial-Verbände entstehe. (§ 22. II.) — Nur durch Beschluß der die associirten Institute vertretenden General-Versammlung wird hiervon Dispensation ertheilt werden können.

Die bereits bestehenden Verbände können unter denselben Bedingungen, wie die sich neu bildenden, dem Bank-Systeme beitreten. Alsdann behalten die zur Zeit des Beitritts schon emittirten Pfandbriefe die ihnen statutenmäßig zustehenden Rechte. Die zu ihrer Sicherheit dienenden Fonds sind abgesondert von den Fonds für die Schuldverschreibungen der Bank zu verwalten. — Die Bank übernimmt für sie keine Garantie; doch beleiht dieselbe die associirten Grundstücke hinter den Pfandbriefen nach den für ihre Anleihen maßgebenden Grundsätzen. Auch werden jedem Grundbesitzer auf Verlangen die Pfandbriefe seines Verbandes in Pfandbriefe der Bank umgetauscht.

4. Bei Ausdehnung der Credit-Vermittelung auf nicht pupillarisch sichere Hypotheken (§ 34.) fällt mit der Capitalsgarantie der bei Bildung der Bundes-Hypothekenbank verfolgte Zweck einer einheitlichen Garantie hinweg. Deshalb ist die Festsetzung der Bedingungen und Formen für diese Art der Credit-Vermittelung den einzelnen Verbänden völlig freizugeben.

H. Verhältniß der Bank zum Staate.

§ 36.

Die Erhaltung eines wohlhabenden und befestigten Grundbesitzes gehört zu den wesentlichsten Interessen des Staates. Deshalb darf die Verwaltung der projectirten Bank, welche nach ihrem Zwecke den erheblichsten Einfluß auf das Wohl des gesammten Grundbesitzes haben muß, nicht lediglich in die Hände von Privatpersonen gelegt werden. Vielmehr ist dem Staate eine hervorragende Mitwirkung bei der Verwaltung einzuräumen (§ 18). Diesem Rechte zur Theilnahme an der

Verwaltung entspricht die Verpflichtung zur Mitwirkung bei der Errichtung; denn das von Privatpersonen Geschaffene würde füglich auch den Dispositionen der Privatpersonen verbleiben müssen. Hiernach kann in der Beihülfe des Staates zur Errichtung der Bank eine die übrigen Classen der Bevölkerung beeinträchtigende Staats-Unterstützung nicht gefunden werden.

Ueberdies handelt es sich nicht um eine speciell den Grundbesitzern zu gewährende Hülfe (§ 8.), sondern um die Begründung eines Institutes, welches durch Befreiung des Realcredites von dem auf ihm lastenden Drucke zum Vortheile des ganzen Volkes die in dem Grundbesitze liegende wirthschaftliche Kraft zur vollen Entwickelung führen soll. Treffend heißt es in den Motiven zu dem Berliner Pfandbrief-Institute, S. 34:

> „Die Grundbesitzer Berlins bilden weder privatrechtlich noch politisch eine Corporation. Durch ihr atomistisches Nebeneinanderstehen wird ihr Zusammenschluß zu einem Vereine, welcher aus sich allein heraus die genügende Kraft und Einmüthigkeit gewinnen möchte, um corporative Rechte in Anspruch zu nehmen in hohem Grade erschwert... Dies ist der Grund, aus welchem der vorliegende Entwurf die Initiative bei der Begründung des Berliner Pfandbrief-Institutes den städtischen Behörden vindicirt."

Was hier von den Bürgern Berlins gesagt wird, gilt in weit höherem Maße von den Grundbesitzern der einzelnen Provinzen und des ganzen Norddeutschen Bundes. Sollen die Provinzial-Institute in's Leben treten, so müssen die Provinzial-Verbände, soll die den ganzen Staat umfassende Hypothekenbank möglich werden, so muß der Staat die Initiative ergreifen; er muß die erforderlichen Einrichtungen treffen und die Kosten vorschießen, nicht um den einzelnen Grundbesitzern zu helfen, sondern um ein Institut zu ermöglichen, welches ihm selbst zum größten Segen gereicht.

Erst seit dem 3. December ist das Gesetz über die Aufhebung der Zinsbeschränkungen in Kraft getreten und schon beim Niederschreiben dieser Zeilen (am 4. December) kann der Verfasser aus seiner Praxis die Thatsache constatiren, daß einer hiesigen Hypotheken-Bank (der Ersten Preußischen Hypotheken-Actien-Gesellschaft) für die Gewährung eines kaum zweijährigen Credites gegen eine 1ste pupillarisch sichere Hypothek auf ein Berliner Grundstück 7 pCt. jährlicher Zinsen verschrieben worden sind. Wenn solche Anforderungen von Instituten, welche „zur Förderung des Real-Credites" gegründet sind, ohne Anstoß erhoben werden können, so beweist dies wohl besser, als alle Worte, wie dringend und wie schleunig eine durchgreifende Hülfe nöthig ist!

Möchten die vorstehenden Darlegungen ein Geringes dazu beitragen, unser Volk von dem Drucke des Capitals zu befreien, der wie ein böser Alp auf ihm lastet! —

Verlag von J. Guttentag in Berlin.
(Guttentag & Vahlen.)

Druck von J. Dräger's Buchdruckerei (C. Feicht) in Berlin.

FSC
www.fsc.org
MIX
Papier | Fördert gute Waldnutzung
FSC® C083411

Kolibri 360 GmbH
Ferdinand-Jühlke-Straße 7
99095 Erfurt, Deutschland
produktsicherheit@kolibri360.de